1위	독해력을 강화하는 선재국어의 특별한 훈련 프로그램		
가장 많은 수험생들이 선택하는 공무원 국어 공단기 국어 과목 패스 수강생 기준	공무원 시험 최고의 독해력 강화 프로그램	수많은 합격생들이 입증한 독해 정복 비법	추론 강화형 문제로 신유형 완벽 대비

독해야 산다
1일 1독

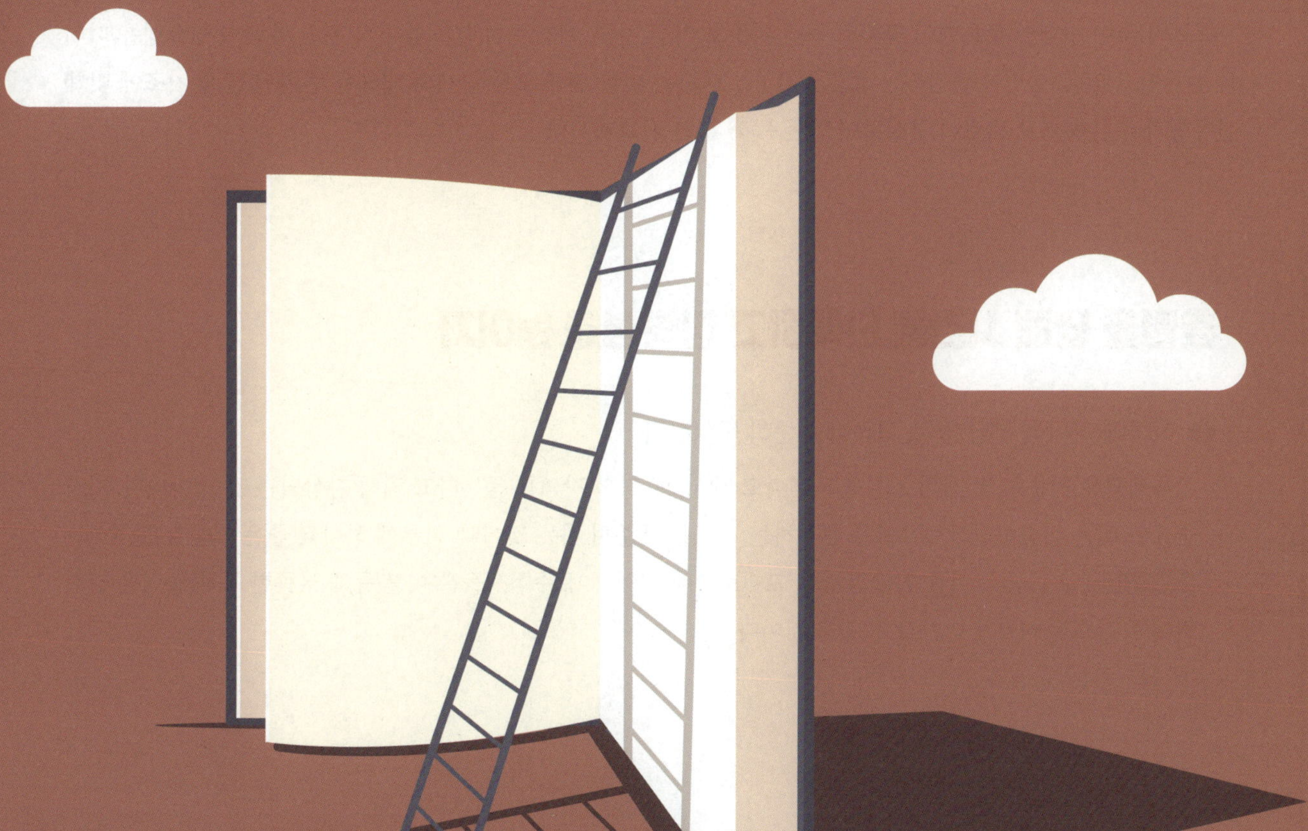

수비니겨

저자의 글

독해는 훈련이다
기본 문제부터 추론형 문제까지, 독하게 독해하자

독해는 지문에 대한 사실적 이해를 바탕으로 논거의 타당성과 적절성 등을 판단하는 통합적 사고력을 측정하는 영역이다. 따라서 지문에 대한 분석력과 판단력을 키우면서 기본적인 독해 능력을 향상한다면, 어떠한 문제가 나와도 두려워할 필요가 없다. 그런데 문제는 이러한 독해 능력은 일정 정도의 시간과 노력을 집중적으로 투자해야만 향상된다는 점이다. 단기간에 체력이 급격히 좋아지는 운동법이 없는 것처럼, 단기간에 독해력 자체를 급격히 올리는 비법은 없다. 독해력을 올리는 유일한 방법은 올바른 방법으로 그리고 좋은 자료로 꾸준히 훈련하는 것뿐이다.

2015년부터 시작된 《독해야 산다 — 점수를 바꾸는 15분》은 공무원 시험을 위한 최초의 독해 훈련 프로젝트이다. 문제 풀이를 위한 유형별 문제집은 시중에 많았지만, '독해력' 자체를 높이기 위한 '훈련' 프로그램은 전무했기 때문에, 《독해야 산다》는 수많은 수험생들에게 합격을 위한 필수 커리큘럼으로 인정받고 있다.

공무원 국어 시험이 추론형이 강화된 독해 위주로 바뀐 지금, 이제 독해력을 높이기 위한 훈련의 필요성은 더욱 높아지고 있다. 이번에 출간되는 《독해야 산다 1일 1독》은 이를 위해 모든 교재의 내용을 **변화된 출제 기조에 맞게 신유형과 추론형으로 새로이 구성하여 만든 독해 훈련용 교재**이다.

훈련을 통해 시간을 단축하고 정확성을 높이자

❶ 하루에 하나씩 부담 없이, 그러나 꾸준히 독해하자

독해력은 단순히 몇 개의 스킬을 익힌다고 해서, 몇 강의 강의를 듣는다고 해서 향상되는 것이 아니다. 가장 중요한 것은 집중하면서 텍스트를 분석하는 훈련을 **꾸준히** 하는 것이다. 하루에 하나씩 좋은 지문을 분석하는 《독해야 산다 1일 1독》은 이를 위한 훈련용 교재로 기획되었으며, 수험생들은 이를 통해 부족한 독해 능력을 강화하여 합격으로 빠르게 다가갈 수 있을 것이다.

공무원 시험 합격으로 가는 주춧돌 독해력 강화를 위한 선재국어의 특별한 프로그램

학습 동영상	gong.conects.com
카페	cafe.naver.com/sjkins
인스타그램	@sj_ssam
유튜브	선재국어TV

❷ 질 좋은 신유형 문제를 풀며 실전 감각을 기르자

《독해야산다 1일 1독》은 국어 능력을 향상을 위한 훈련 프로그램이므로 장문형 지문을 사용한다. 일정한 길이와 논리적 구조를 갖춘 지문을 읽어야 구조적 분석력, 통합적 사고력 등을 키울 수 있기 때문이다. 또 시사적인 내용을 반영한 다양한 제재의 글들을 엄선함으로써, 자연스럽게 최신 시사에 대한 배경 지식 역시 습득할 수 있도록 하였다. 엄선된 지문과 최신 출제 경향을 가장 정확하게 반영한 문제들을 통해, 수험생들은 국어 능력은 물론 실전 감각까지 끌어올릴 수 있을 것이다.

❸ 문제는 추론형!! 지문을 분석하며 추론 능력까지 키우자

또한 기본적인 독해 문제뿐만이 아니라 논증 평가, 논증 구조 분석 등의 수준 높은 문제까지 수록하여 어떠한 문제가 나와도 자신 있게 풀 수 있도록 구성하였다. 텍스트의 정보를 요약하고, 구성하고, 배열하고, 추론하고, 판단하고, 통합적으로 사고하는 과정을 통해, 수험생들의 추론 능력은 자연스럽게 향상될 것이다.

시간 단축을 위한 첫 걸음, 《독해야산다 1일 1독》으로 시작하자

《독해야산다 1일 1독》은 독해 속도가 느려 시간 단축이 힘든 학생, 정확도가 떨어지는 학생, 논증 구조에 대한 분석력이 약한 학생, 그리고 다양한 문제 풀이를 통해 자신의 독해력을 보다 높이고자 하는 학생들 모두에게 유용한 훈련서가 될 것이라고 생각한다.

언제나 지문을 읽기 전에 우리가 함께 외치는 문장, **"집중력도 실력이다!"** 를 기억하면서, 집중해서 독해 훈련에 참여하자. 남들보다 한 뼘 높아진 독해 실력이, 합격을 앞당기는 결정적인 역할을 할 것이라고 굳게 믿는다.

2025년 6월 노량진 연구실에서

이선재

차례

공무원 시험 합격으로 가는 주춧돌 독해력 강화를 위한 선재국어의 특별한 프로그램

독해의 단계별 학습법 6

NO. 01 10
NO. 02 14
NO. 03 18
NO. 04 22
NO. 05 26
NO. 06 30
NO. 07 34
NO. 08 38
NO. 09 42
NO. 10 46
NO. 11 50
NO. 12 54
NO. 13 58
NO. 14 62
NO. 15 66

NO. 16 70
NO. 17 74
NO. 18 78
NO. 19 82
NO. 20 86
NO. 21 90
NO. 22 94
NO. 23 98
NO. 24 102
NO. 25 106
NO. 26 110
NO. 27 114
NO. 28 118
NO. 29 122
NO. 30 126

정답과 해설

독해의 단계별 학습법

1단계 구조화 10개념으로 정리하기

《독해야 산다 1일 1독》을 학습할 때 가장 먼저 해야 하는 일은 '지문 요약'이다. 글 읽는 속도가 느리거나 내용을 잘 정리하지 못하는 수험생들에게 추천하는 요약 방법은 '구조화 10개념'을 활용하는 것이다. 구조화 10개념이란, 일반적인 글에서 자주 나타나는 개념어를 말한다. 실제 글에서는 이것보다 더 다양한 방식이 나타나므로 글 읽는 훈련을 하면서 자신만의 개념어를 만들어 두는 것도 좋다. 지문을 읽으면서 구조화 10개념에 해당되는 내용이 있다면 문단 옆에 메모를 하자. 눈으로만 읽어서는 지문을 정확히 분석할 수 없다. 펜을 들고 요약하는 습관을 지금부터 들여 보자.

구조화 10개념

- **개념**: 정의, 명칭, 의미
- **예시**: 사례, 구체화
- **비교**: 공통점, 일치
- **대조**: 차이, 대비, 차별점
- **인과**: 원인, 이유, 배경/결과, 영향
- **특성**: 특징, 성질, 요건, 중요성, 중요도
- **종류**: 유형, 분류
- **효과**: 효능, 효용성, 의의, 기능, 역할, 필요성
- **문제**: 폐해, 폐단, 부정적 영향, 위험성
- **해결**: 대안, 대책, 방안, 전망, 예측, 영향

2단계 문장·문단 간 관계 파악하기

문장을 읽어 가면서 구조화 10개념으로 정리한 후에는 문장 간 그리고 문단 간의 관계를 파악하여 이를 도식화해야 한다. 문장 간, 문단 간에 자주 나타나는 연결 관계는 다음과 같다.

전제 + 주지	주지를 제시하기에 앞서 주지를 이끌어 낼 논리를 미리 제시함.
주지 + 부연	주제문과 이를 보충하는 내용으로 구성함.
주지 + 상술	주제문과 이를 상세하게 설명하는 내용으로 구성함.
주지 + 열거	논지에 적합한 사례나 특성을 대등하게 제시함.
대조	서로 상반되는 내용을 연결함.
원인 + 결과	결과에 주지가 있음.
일반적 견해 + 비판	일반적 견해에 대한 비판 부분에 주지가 있음.
문제 제기 + 해결	해결 방안에 주로 주지가 있음.

공무원 시험 합격으로 가는 주춧돌 독해력 강화를 위한 선재국어의 특별한 프로그램

3단계 문단별 주제문 파악하기

하나의 문단은 여러 문장으로 구성되어 있는데, 여기에는 주요 내용을 담고 있는 주제문과 이를 뒷받침하는 문장들이 있다. 주로 주제문은 일반적 진술로, 뒷받침 문장은 예시, 부연, 상술 등을 통한 부차적이고 구체적인 진술로 나타난다. 문단별 주제문을 취합하면 글 전체의 요약문이 완성된다.

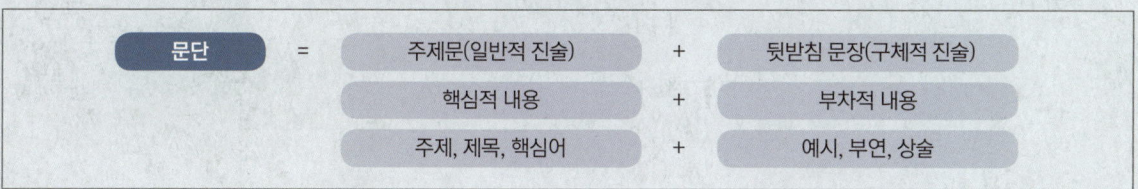

4단계 선택지의 구성 원리 익히기

《독해야 산다》 1일 1독에는 내용 일치, 전개 방식, 빈칸 추론 등 다양한 문제가 나온다. 모든 독해 문제는 지문에 대한 정확한 이해를 밑바탕으로 깔고 있기 때문에 1~3 단계의 과정이 제대로 되었다면, 어떤 문제든 잘 풀 수 있을 것이다. 하지만 지문을 정확히 이해했음에도 불구하고 문제 풀이에 어려움을 느낀다면, 《수비니겨 독해》를 참고하여 선택지의 구성 원리를 익히는 것이 좋다. 선택지의 구성 원리란, 출제자들이 선택지를 구성하기 위해 사용하는 방식이다. 이를 수험생들이 미리 알면, 지문을 읽을 때 집중적으로 봐야 하는 부분을 미리 파악하고 선택지에 파 놓은 함정을 피할 수 있다.

선택지의 구성 원리는 다음과 같이 정리할 수 있다.

그대로 가져오기	지문의 내용을 있는 그대로 혹은 유사하게 변형하여 선택지를 구성하는 방식
반대 진술	지문과 반대되는 내용으로 선택지를 구성하는 방식
비교 범주	수치나 정도를 지문의 내용과 다르게 하여 선택지를 구성하는 방식
원인과 결과	원인과 결과의 순서를 바꿔 선택지를 구성하는 방식
치환(정보 교체)	지문의 내용을 그 의미 범주에 속하는 다른 개념어로 바꿔 선택지를 구성하는 방식
혼용(정보 섞기)	지문의 내용을 섞어서 선택지를 구성하는 방식
지문에 없음	지문에 없는 내용을 추가하여 선택지를 구성하는 방식

5단계 타이머 훈련, 그리고 강의 듣고 약점 보완하기

《독해야 산다》 1일 1독은 총 30회로 구성되어 있다. 강의 수강 전에 타이머를 켜고 지문을 분석하고 문제를 풀어본 뒤에, 강의를 통해 자신의 방식에서 잘못된 부분을 찾아 보완해 보자. 그리고 강의에서 익힌 지문 분석법과 문제 풀이법을 다른 글에 적용하여 체화하는 시간을 가진다면, 훈련이 거듭될수록 실력이 점차 향상되는 자신을 발견할 수 있을 것이다.

독해력을 강화하는
선재국어의
특별한 훈련 프로그램

공무원 국어의
독보적 기준
선재국어

독해야 산다

1일 1독

문제편

독해야 산다 1일 1독 NO. 01

- 소요 시간   분   초
- 맞힌 갯수   / 4

독해 포인트
◆ 실험을 소재로 한 글을 읽을 때는 '실험의 내용과 과정, 실험을 통해 도출된 결론'에 집중하자.
◆ 실험 과정에서 선후 관계, 인과 관계는 '화살표(→)'를 활용해 정리하자.

　1950년대 초, 생물학자 벨랴예프와 트루트는 일명 '여우 가축화 프로젝트'를 시작한다. 식육목 갯과에 속하는 여우는 야생성이 강해 인간을 잘 따르지 않는다. 그들이 여우의 가축화를 위해 주목한 조건은 단 한 가지, 인간에 대한 공격성의 정도였다. 그들은 인간에 대한 여우의 공격성이 낮다고 해서 가축화가 반드시 되었다고 볼 수는 없지만, 여우를 가축화하려면 인간에 대한 공격성이 낮아야만 한다고 본 것이다. 즉 인간에 대한 낮은 공격성은 가축화를 위한 ☐☐☐☐ 보았다. 야생성이 강한 여우는 기본적으로 인간을 경계하지만, 개개의 차이는 있어서 어떤 녀석은 더 공격적으로 굴고 다른 녀석은 적개심을 덜 드러내기도 한다. 여우는 1년에 한 번, 봄철에만 짝짓기를 하고 태어난 이듬해면 번식이 가능하다. 매년 연구진은 집단에서 공격성이 낮은 10%를 선발해 번식시키고 그렇게 태어난 세대 중에서 다시 공격성이 낮은 10%를 골라 번식시키는 일을 반복했다. 그러자 겨우 20세대쯤 지나자 인간과 집에서 함께 살 수 있을 만큼 온순하고 친화력 좋은 개체가 태어났다.

　연구자들은 오직 개체가 보이는 공격성의 강도만 고려했을 뿐, 그들의 털빛이나 골격 따위는 선별 기준이 아니었다. 하지만 여우들이 점점 순해짐에 따라 뾰족했던 주둥이는 점점 짧아지고 이빨은 작아지는 등, 세대가 거듭될수록 여우의 외모는 점점 강아지를 닮아갔다. 또한 온순한 개체들의 혈중 코르티코스테로이드는 점점 감소했으며, 소위 '행복 호르몬'이라는 별칭을 지닌 세로토닌은 야생 여우에 비해 5배 가까이 증가했다. 가장 놀라운 것은 인지 기능의 변화였다. 온순한 개체일수록 인지 기능이 더 좋았고, 개체들 사이의 협력적 의사소통 수준도 훨씬 더 높았다.

　연구자들은 공격성이 낮은 개체들의 지능이 더 발달하는 것을 낮아진 공포심에 대한 반대급부[1]로 보았다. 기본적으로 야생의 개체들이 공격적인 것은 두려움에 민감하기 때문이다. 야생의 개체들이 두려움을 느끼는 것은 생존에 도움이 된다. 하지만 두려움은 상대와의 소통보다는 단절을, 공존보다는 각자도생[2]의 길을 이끈다. 홀로 사는 삶보다 함께 사는 생활이 고려해야 할 것이 더 많음은 당연하다. 두려움이 누그러들면 호기심이 생기고, 상대와 상호 관계를 맺기 위해서는 상대를 예민하게 읽어 내는 방법이 중요해지고, 이 과정에서 인지적 기능이 향상되게 된다는 것이다. 이 여우들의 이야기가 담긴 ㉮《다정한 것이 살아남는다》의 저자들은 더 영리한 동물을 원한다면 더 양순한 개체들을 번식시킬 것이며, 결국 다정한 개체들이 더 안정적인 집단을 이루어 더 오래 살아남으리라고 주장한다. 이는 인간도 예외는 아니다.

　다만 여기에는 숨겨진 전제 조건이 하나 있다. 공격성이 약하고 순한 개체들이 번성하기 위해서는 그들을 둘러싼 ㉠ 환경이 안정적이고 안온해야 한다는 것이다. 여우는 애초부터 ㉡ 상호 협력할 수 있는 능력을 본성적으로 가지고 있었다. 하지만 야생이라는 환경에서 ㉢ 온순함은 오히려 생존을 위한 걸림돌이 될 수 있었기에 이는 겉으로 드러나기 어려웠다. 여우의 타고난 친화력이 두드러질 수 있었던 것은 인간이 그들의 생존을 보장하는 울타리가 되어준 이후였다. 결국 서로에 대해 ㉣ 상호 협력하는 것보다 분노를 표출하는 것이 인간 집단 전체의 생존과 번성에는 더욱 유리할 것이라는 사실은 자명하다.

[1] 반대급부(反對給付)
어떤 일에 대응하여 얻게 되는 이익

[2] 각자도생(各自圖生)
제각기 살아 나갈 방법을 꾀함.

01 이 글에서 추론한 내용으로 적절하지 않은 것은?
① 인간에 대한 동물의 두려움은 인간에 대한 공격성으로 나타날 수 있다.
② 여우의 야생성이 강해질수록 인간에 대한 공격성은 점점 강해질 것이다.
③ 공격성이 높은 여우에 비해 공격성이 낮은 여우의 행복감 수치가 더 높을 것이다.
④ 공격성이 낮은 여우를 선별하여 반복 교배시키면 그 자손의 생물학적 특성이 변화할 수 있다.

02 빈칸에 들어갈 말로 가장 적절한 것은?
① 충분조건은 아니지만 필요조건이라고
② 필요조건은 아니지만 충분조건이라고
③ 충분조건도, 필요조건도 아니라고
④ 충분조건이면서 필요조건이라고

03 글의 흐름에 맞지 않는 곳을 ㉠~㉣에서 찾아 수정할 때, 가장 적절한 것은?
① ㉠을 '환경이 불안정하고 척박해야 한다'로 수정한다.
② ㉡을 '상호 협력할 수 있는 능력을 후천적으로 키울 수 없다'로 수정한다.
③ ㉢을 '사나움은 오히려 생존을 위한 디딤돌이 될 수 없었기에'로 수정한다.
④ ㉣을 '분노를 표출하는 것보다 상호 협력하는 것이'로 수정한다.

04 ㉮에 대해 적절한 평가를 내린 사람만을 〈보기〉에서 모두 고르면?

> **보기**
> 갑: 동물의 공격성과 지능 간의 관련성이 없음을 밝혀낸다면, ㉮의 주장은 약화될 것이다.
> 을: 경쟁을 강조하는 학급보다 협력을 강조하는 학급의 평균 성적이 더 높다면, ㉮의 주장은 강화될 것이다.
> 병: 지능은 선천적으로 결정되는 것이고 후천적으로 향상될 수 없음이 밝혀진다면, ㉮의 주장은 약화될 것이다.
> 정: 동물의 인지 능력은 인간의 인지 능력을 뛰어넘는 것이 불가능하다는 사실이 밝혀지면, ㉮의 주장은 강화될 것이다.

① 갑, 을, 병
② 갑, 을, 정
③ 갑, 병, 정
④ 을, 병

이 글을 한 문단으로 요약하시오.

◆ 선택지에 나오는 강화 · 약화의 의미를 이해한다.

강화한다	경험적 증거가 가설을 뒷받침(지지)한다
약화한다	경험적 증거가 가설을 반확증한다
강화하지도 약화하지도 않는다	경험적 증거가 가설을 확증하지도 반확증하지도 않는다(=중립)

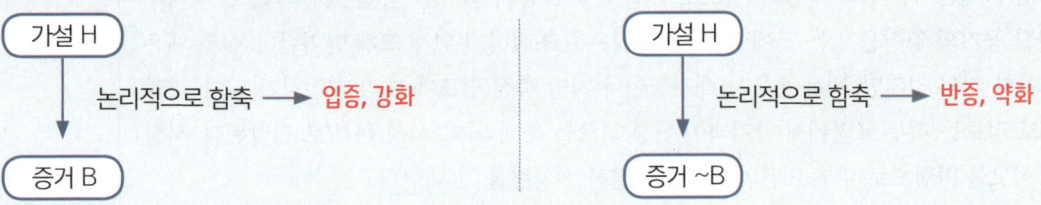

요약문

생물학자 벨라예프와 트루트는 여우의 가축화를 위해 여우 집단에서 공격성이 낮은 개체들을 선발해 번식시키는 일을 반복했다. 그러자 온순하고 친화력 좋은 개체가 태어나기 시작했다. 여우들이 점점 순해짐에 따라 그들의 형태적, 생리적 특징 등이 변화하였는데, 특히 온순한 개체일수록 인지 기능과 협력적 의사소통 수준이 더 높았다. 이에 대해 연구자들은 이를 공격성이 낮은 개체들의 두려움이 누그러듦에 따라 나타나는 현상이라고 설명하였다. 그리고 이러한 이야기를 담은 〈다정한 것이 살아남는다〉의 저자들은 결국 다정한 개체들이 더 안정적인 집단을 이루어 더 오래 살아남을 것이라고 주장했다. 여기에 안정적인 환경이 더해진다면 집단 전체의 생존과 번성에 더욱 유리해질 수 있다.

독해야 산다 1일 1독

소요 시간　　분　　초
맞힌 갯수　　/4
NO. 02

독해 포인트
- 과학 분야의 글을 읽을 때는 '많다/적다, 넓다/좁다, 오른다/내린다'와 같은 상대적인 서술어에 집중하자. 이 부분을 바꾸어 선택지를 만들 수 있다.
- 심부 체온과 피부 온도의 차이, 바깥 공기에 따른 인체의 반응 차이, 보건 위생에 따른 평균 체온의 차이가 핵심이다.

　우리의 몸은 가만히 두어도 식지 않고 따뜻함을 유지한다. 엄밀한 의미의 체온은 '심부 체온'을 가리킨다. 심부 체온이란 뇌나 내장의 온도로, 37℃ 전후로 유지된다. 한편, 몸 표면의 온도인 '피부 온도'는 바깥 공기의 영향을 받는 것에 더해, 심부 체온을 조절하기 위해 크게 변화한다. 심부 체온에는 개인차가 거의 없지만, 피부 온도는 대사량이나 지방 축적 정도에 따라 개인차가 있다. 바깥 공기의 온도 정보는 피부 표면에서 감지되어 신경 회로를 통해 뇌의 '시상 하부'로 전달된다. 시상 하부는 그 정보를 바탕으로 피부 표면의 혈류를 조절하는 지령을 ㉠내린다.

　바깥 공기가 따뜻할 때는 피부 근처의 가는 동맥의 지름을 넓혀서, 심부의 열을 혈류에 실어 몸 표면까지 운반함으로써 열을 최대한 몸 밖으로 내보내려고 한다. 이 경우의 피부 온도는 체온 조절을 전혀 하지 않는 경우에 비해 높아지며, 따라서 심부 체온이 올라가는 것을 막는다. 반대로 바깥 공기의 온도가 차가울 때는 피부 근처의 가는 동맥의 지름을 좁혀서, 열이 몸 밖으로 나가는 것을 최대한 막음으로써 심부 체온이 지나치게 내려가는 것을 막는다. 이 경우는 피부 온도를 적극적으로 내린다고 할 수 있다. 심부 체온을 일정하게 유지하는 일은 생명과 관련된 중요한 문제이다. 일반적으로 화학 반응은 온도가 낮으면 일어나기 어렵기 때문에, 만일 심부 체온이 지나치게 낮아지면 생명을 유지하기 어려워진다. 반대로 온도가 지나치게 오르면 몸의 재료인 단백질이 열에 의해 변성되는 일이 생긴다.

　이외에도 몸속에서 열이 나는 경우도 있다. 대표적인 것이 감기이다. 감기에 걸리면 왜 심부 체온이 올라갈까? 감기의 원인인 바이러스나 세균이 몸속에 침입하면 혈액 속의 면역 세포의 일종인 '대식(大食) 세포' 등에서 '사이토카인'이라는 물질이 분비되어 시상 하부로 정보가 전달된다. 그러면 시상 하부는 　　Ⓐ　　. 그러면 병원체를 쉽게 없앨 수 있다. 단, 38.5℃를 넘는 고열이 계속되면 식욕 감퇴에 의한 악화, 체력 소모 등이 일어난다.

　1850년대 독일 내과 의사 칼 분더리히의 측정 자료를 토대로 사람의 체온은 보통 36.5~37℃ 사이를 정상 범위라고 말한다. 그런데 사람의 평균 체온이 떨어지고 있다는 연구 결과들이 잇따르고 있다. ㉮미국 연구진을 중심으로 한 국제 공동 연구진은 보건 위생이 좋아지면서 병원체 감염 빈도가 줄어들고, 이에 따라 염증을 유발하는 면역 체계의 일거리가 줄어들면서 평균적으로 체온이 내려가게 됐다고 주장한다. 이에 따르면, 현재 고소득 국가의 평균 체온은 산업화 이전보다 1.6% 낮아진 36.4도로 추정한다. 또한 이들은 볼리비아의 아마존강 유역에 사는 치마네 부족의 평균 체온이 2002~2018년 사이에 평균 0.5도 떨어진 것으로 나타났다고 발표했는데, 이 연구는 고소득 국가가 아닌 지역에서도 뚜렷한 체온 저하 현상을 확인했다는 의미가 있다. 21세기 이전 치마네 부족의 전통적인 일상생활은 다양한 병원체에 노출돼 있었다. 따라서 이 병원체로부터 몸을 보호하기 위해 백혈구, 면역 글로불린 등 면역 관련 물질이 끊임없이 활성화된다. 게다가 잦은 기생충 감염에 따라 인체의 대사량도 많아진다. 이런 환경은 결국 신체의 에너지 소비를 촉진해 체온을 높이는 쪽으로 작용한다. 그러나 21세기 들어 이곳 주민들한테도 정부의 공중 보건 서비스가 시행되면서 이들의 위생 상태가 크게 달라졌다. 연구진은 우리가 살고 있는 환경의 변화에 따라 우리가 생리학적으로 변화하고 있음을 뜻한다고 말했다.

01 이 글에서 추론한 내용으로 적절하지 않은 것은?

① 심부 체온에 비해 피부 온도는 사람에 따라 변화의 정도가 크다.
② 시상 하부는 바깥 공기의 온도를 감지하여 이 정보를 신경 회로에 전달한다.
③ 국제 공동 연구진은 환경에 따라 인간의 생리학적 특성이 변화할 수 있다는 데 동의할 것이다.
④ 건강한 사람이라면 겨울철보다 여름철에 피부 근처의 가는 동맥의 지름이 확장되어 있을 것이다.

02 Ⓐ에 들어갈 말로 가장 적절한 것은?

① 바깥 공기가 찰 때와 같은 지령을 내려 열이 몸 밖으로 나가는 것을 막은 결과 심부 체온이 올라간다
② 바깥 공기가 찰 때와 같은 지령을 내려 열을 몸 밖으로 내보낸 결과 심부 체온이 내려간다
③ 바깥 공기가 따뜻할 때와 같은 지령을 내려 열이 몸 밖으로 나가는 것을 막은 결과 심부 체온이 올라간다
④ 바깥 공기가 따뜻할 때와 같은 지령을 내려 열을 몸 밖으로 내보낸 결과 심부 체온이 내려간다

03 ㉮에 대한 평가로 적절한 것만을 〈보기〉에서 모두 고르면?

> **보기**
>
> ㄱ. 인간의 면역 체계에 대한 병원체의 진화와 적응을 통해 인간의 면역 체계는 항상 새로운 위협에 직면해 왔다면, ㉮의 논지는 약화된다.
> ㄴ. 위생 환경이 좋은 국가의 구성원들보다 위생 환경이 좋지 않은 국가의 구성원들의 평균 체온이 더 높게 측정된다면, ㉮의 논지는 강화된다.
> ㄷ. 현재의 체온계보다 19세기 칼 분더리히가 사용한 체온계의 정확도가 떨어져 당시 사람들의 체온이 높게 측정되었다면, ㉮의 논지는 약화된다.

① ㄱ, ㄴ
② ㄱ, ㄷ
③ ㄴ, ㄷ
④ ㄱ, ㄴ, ㄷ

04 밑줄 친 표현이 ㉠의 문맥상 의미와 가장 가까운 것은?

① 일반적으로 가격이 내리면 공급량은 감소한다.
② 차내의 공기가 탁해서 유리문을 내렸다.
③ 그는 스스로 이 문제에 대한 해답을 내렸다.
④ 전국에 단발령이 내리자 선비들이 들고 일어났다.

이 글을 한 문단으로 요약하시오.

문제 포인트

◆ 생략된 내용을 찾을 때는 빈칸의 앞 혹은 뒤의 내용에 주목하자.

앞 내용		생략된 내용
바깥 공기 따뜻함. → 심부 체온 상승 막음.	감기에 걸리면 왜 심부 체온이 올라갈까?	Ⓐ
바깥 공기 차가움. → 심부 체온 하강 막음.		

요약문

심부 체온은 개인차가 거의 없이 37℃ 전후로 유지되지만, 피부 체온은 심부 체온을 조절하기 위해 크게 변화한다. 바깥 공기가 따뜻할 때 시상 하부는 열을 최대한 몸 밖으로 내보내도록 지령을 내려 심부 체온이 올라가는 것을 막는다. 반면 바깥 공기가 차가울 때 시상 하부는 열이 몸 밖으로 나가지 않도록 지령을 내려 심부 체온이 내려가는 것을 막는다. 이외에도 바이러스나 세균이 몸속에 침입하면 심부 체온이 올라간다. 그런데 사람의 평균 체온이 떨어지고 있다는 연구 결과들이 잇따르고 있다. 이에 대한 원인으로 보건 위생이 지목되고 있다. 이는 우리가 살고 있는 환경의 변화에 따라 우리가 생리학적으로 변화하고 있음을 뜻한다.

독해야 산다 1일 1독

- 소요 시간   분   초
- 맞힌 갯수   / 4

NO. 03

독해 포인트
◆ '사실(事實)'과 '사실(史實)'의 의미 차이에 중점을 두고 글을 읽자.
◆ '역사의 현재성'을 두 가지로 설명한 것이 이 글의 논지이다.

　역사의 현재성이 무엇인가를 알려면 먼저 역사에서 과거가 무엇인가를 해명해 둘 필요가 있다. 역사에서 과거란 현재 이전에 일어난 모든 일을 가리키는 것이라고 이해하기 쉽지만 사실은 그렇지 않다. 이 문제를 쉽게 이해하기 위해서는 일단 사실(事實)과 사실(史實)을 구별하여 생각하는 것이 편리하다. 전자는 실제로 있었던 일로, 객관적인 상태나 사건을 의미하고, 후자는 역사에 실제로 있는 사건이나 진실을 의미한다.

　인류 생활의 과거에는 수많은 일들, 즉 사실(事實)들이 일어났다. 지금까지 수많은 개인의 일상생활이나 한 집단, 한 민족의 지난날에도 도저히 셀 수 없는 많은 사건들이 있었다. 그런데 이와 같은 ㉠사실을 총망라한 것이 곧 역사냐 하면 전혀 그렇지 않다. 역사란 그 많은 사실들 중에서 그야말로 역사적 가치와 의미가 있는 사실들, 즉 사실(史實)을 뽑아 모은 것이라고 말할 수 있다. 사실들 속에서 ㉡사실만을 선택하는 것이 역사를 성립시키는 1차적인 작업이라면 무엇보다도 그것을 선택해 내는 기준이 문제가 된다. 무엇을 기준으로 하여 수많은 사실들 속에서 사실을 가려내게 되는가 하는 문제이지만, 그것은 어쩔 수 없이 선택하는 사람과 시대에 기준을 둘 수밖에 없다. ㉢사실을 뽑아내는 작업은 주로 역사가들의 주관적인 안목에 의하여 이루어진다.

　한 사람의 역사가가 객관적 진실성이 더 높은 사실을 뽑아내기 위해서는 우선 그 시대가 가진 역사적 요구가 무엇인가를 정확하게 파악하는 노력이 필요하다. 예를 들면, 조선 시대의 역사가들에게 문익점이 책을 읽은 일이나 글씨를 쓴 일은 흔히 있는 ⓐ사실(史實)로 보였고, 목화씨를 가져온 일은 ⓑ사실(事實)로 보였다. 그래서 ⓒ전자만이 역사에 기록될 수 있었다. 이는 고려 말기에 전래되어 극히 제한된 일부 지역에서만 재배되고 있던 목화를 전국적으로 확대 재배하여 의생활의 변혁을 이루고자 했던 조선 시대였으므로, 당시의 역사가들은 ⓓ문익점이 책을 읽고 글씨를 쓰는 일을 역사적 요구로 받아들인 것이다. 이는 좁게는 역사가의, 넓게는 그와 함께 살고 있는 더 많은 사람들의, 더 나아가서는 미래 사람들의 현재적 요구에 필요한 일만이 옳은 ⓔ사실(史實)이 될 수 있음을 보여 준다. 바로 여기에 과거의 일을 다루는 역사가 가지는 현재성이 있는 것이다.

　다시 말해 시대에 따라 사실을 선별하는 기준은 언제나 그 당시의 현재적 요구, 현실 인식을 바탕으로 삼는다. 이 문제를 어느 정도 이해하고 나면 어느 한 시대의 현재적 요구에 의하여 선택된 ㉣사실은 영원히 사실로서의 가치를 가지느냐, 혹은 다음 시대의 현재적 요구 때문에 앞 시대의 선택된 사실이 그 가치를 잃고 하나의 (가)사실로 되돌아가는 경우가 있느냐 하는 문제를 생각할 필요가 있다. 모든 사물에 대한 가치관이 시대에 따라 달라질 수 있는 것과 같이 과거에 일어났던 일에 대한 역사적 입장에서의 판단도 시대에 따라 달라지기 마련이다. 따라서 일단 사실로 선택되었던 일이 다른 시대의 현재적 요구에 의하여 사실로 떨어져 버리는 경우도 있으며, 또 그 사실이 가지는 역사적 가치가 변화하는 경우도 있다.

이처럼 사실 속에서 사실을 뽑아내는 일도, 선택된 사실에 대한 가치 판단이 달라지는 것도 모두 그때마다의 현재적 요구를 기준으로 이루어지는 것이며, 역사의 현재성이 가지는 의미는 여기서 구할 수 있다.

01 이 글에서 추론한 내용으로 적절하지 않은 것은?

① 지금의 역사는 역사가의 주관적 판단이 반영된 결과이다.
② 과거에 있었던 모든 사건들이 역사로 인정되는 것은 아니다.
③ 사실(事實)은 그 수가 무수히 많지만 사실(史實)은 그 수가 시대별로 한정되어 있다.
④ 현재에는 사실(史實)이지만 미래에는 사실(事實)이 될 수도 있다.

02 이 글의 ⓐ~ⓔ 중 어색한 곳을 찾아 바르게 수정하지 않은 것은?

① ⓐ는 '사실(事實)로 보였고'로, ⓑ는 '사실(史實)로 보였다'로 수정한다.
② ⓒ는 '후자만이 역사에 기록될 수 있었다'로 수정한다.
③ ⓓ는 '문익점의 목화씨 전래를'로 수정한다.
④ ⓔ는 '사실(事實)이 될 수 있음을'로 수정한다.

03 ㉠~㉣ 중 문맥상 (가)에 해당하는 의미로 사용된 것은?

① ㉠ ② ㉡
③ ㉢ ④ ㉣

04 이 글에 대한 평가로 적절한 것만을 〈보기〉에서 모두 고르면?

> **보기**
> ㉮ 조선 시대 역사가들은 광해군을 패륜적인 폭군으로, 현대 사회 역사가들은 현실적인 외교 감각을 지닌 군주로 평가하고 있다는 사례는 이 글의 논지를 약화한다.
> ㉯ 평범한 사람들이 만나 결혼한 일은 사실(事實)이지만 사실(史實)은 될 수 없다는 견해는 이 글의 논지를 강화한다.
> ㉰ 스마트폰의 발명은 인류 역사의 새로운 전환을 이룬 사실(史實)이기 때문에 그 가치가 영원히 변치 않을 것이라는 견해는 이 글의 논지를 약화한다.

① ㉯
② ㉰
③ ㉯, ㉰
④ ㉮, ㉯, ㉰

이 글을 한 문단으로 요약하시오.

문제 포인트

♦ 선택지를 만드는 방법을 이해하면 함정에서 벗어날 수 있다.

선택지 구성 방식	
그대로 가져오기	제시문의 내용을 있는 그대로 혹은 유사하게 변형하여 선택지를 구성하는 방식
반대 진술	제시문과 반대되는 내용으로 선택지를 구성하는 방식
비교, 범주, 수치	수치나 정도를 제시문의 내용과 다르게 하여 선택지를 구성하는 방식
인과, 선후의 오류	원인과 결과 및 시간의 선후를 바꿔 선택지를 구성하는 방식
의도의 오류	특정 사건이나 행위의 결과를 행위자의 의도에 따른 결과로 해석하는 방식
치환(바꿔 쓰기)	제시문의 내용을 그 의미 범주에 속하는 다른 개념어로 바꿔 선택지를 구성하는 방식
혼용(섞어 쓰기)	제시문의 내용을 섞어서 선택지를 구성하는 방식
제시문에 없음	제시문에 없는 내용을 추가하여 선택지를 구성하는 방식

요약문

역사의 현재성을 이해하기 위해서는 사실(事實)과 사실(史實)을 구별해야 한다. 인류와 일상생활에 일어난 무수한 사건인 사실(事實)에서 역사적 가치와 의미가 있는 사실(史實)을 뽑는 것이 역사의 1차적 작업이다. 이때 사실(史實)을 뽑아내는 작업은 주로 역사가들의 주관적인 안목에 의하여 이루어진다. 역사가는 사실을 가려내기 위해서 그 시대가 가진 역사적 요구를 파악한다. 여기에서 역사의 현재성을 확인할 수 있다. 또한 사실(事實)을 가려내는 기준은 당대의 현재적 요구와 현실 인식을 바탕으로 삼기 때문에 어떠한 사실은 시대에 따라 가치를 잃을 수 있다. 이러한 점에서도 역사의 현재성이 가지는 의미를 확인할 수 있다.

1일 1독 NO.04

독해야 산다

- 소요 시간　분　초
- 맞힌 갯수　/4

독해 포인트

◆ 두 번의 실험을 통해 도출된 결론이 이 글의 논지이다.
◆ '기계적 임무 vs 인지 능력을 필요로 하는 임무', '개인용 칸막이 vs 다른 참여자들이 지켜보기'와 같은 대조적 상황에서 도출되는 결과에 집중하자.

　대다수의 사람들은 보상 수준이 높을수록 성과 역시 계속해서 높아질 것이라고 생각한다. 경제 심리학자인 댄 애리얼리 교수의 연구 팀 또한 높은 수준의 보상을 제시하면 성과가 늘어나지 않을 수는 있어도 부정적인 성과로 이어지는 것은 아니라고 판단하였다.
　그래서 ⓐ 그들은 MIT 학생들을 대상으로 어느 정도의 인지 능력을 필요로 하는 임무(쉬운 수학 문제를 푸는 일)와 순수하게 기계적인 임무(컴퓨터 자판을 빠르게 누르는 일)를 설정하여 첫 번째 실험을 해 보기로 했다. 실험 참여자들은 각각의 임무를 낮은 보상 수준과 높은 보상 수준에서 총 4번 수행하였다. 이 실험을 통해 연구 팀은 두 가지 유형의 임무에서 높은 수준의 보상이 서로 다른 효과를 만들어 낸다는 것을 알게 되었다. 컴퓨터 자판을 빠르게 누르는 일을 수행하는 경우는 높은 수준의 보상이 높은 성과로 이어졌다. 하지만 간단한 수학 문제를 푸는 일을 수행하는 경우에서는 높은 수준의 보상이 오히려 낮은 성과로 이어졌다. 이 실험을 통해 얻은 결론은 명확했다. 즉 □□□□□□□□□□□□□□□□□□ 는 것이다. 이처럼 사람들에게 동기를 부여하는 수단으로서의 돈은 양날의 칼과 같다. 인지 능력이 요구되는 임무의 경우, 매우 높은 수준의 인센티브는 임무를 수행하는 사람의 관심을 분산시키고 집중력을 교란시킴으로써 오히려 스트레스를 높여 성과를 저해하는 결과로 이어질 수 있다.
　이러한 연구 결과에 대해 특별한 능력을 지닌 금융계 종사자들은 자신들이 받는 높은 보상이 성과를 저해할 수 있다는 의견이 터무니없다고 말하기도 했다. ⓑ 그들은 스트레스 상황에서도 좋은 성과를 낼 수 있다고 장담했다. 그래서 연구 팀은 두 번째 실험을 해 보기로 했다. 실험의 목표는 '사회적 압박'이라는 요소를 실험에 도입했을 때 무슨 일이 일어나는지 살펴보는 것이었다. ⓒ 그들은 실험 참여자에게 세 개의 애너그램으로 구성된 열세 개의 문제를 주고 문제를 푸는 대가로 적절한 보상을 주기로 했다. 애너그램이란 제시된 단어의 철자 배치를 바꿔 새로운 단어를 만들어 내는 게임이다. 열세 개의 에너그램 문제 가운데 여덟 문제는 개인용 칸막이 안에서, 나머지 다섯 문제는 다른 참여자들이 지켜보는 가운데 풀도록 했다. 실험 결과, ⓓ 그들은 개인용 칸막이 안에서 애너그램 문제를 훨씬 더 잘 푸는 것으로 나타났다.
　사회적 압박감으로 인해 성과 저하가 생기는 것은 비단 인간에게만 국한된 현상이 아니다. 지금까지 많은 연구자들은 다양한 동물을 대상으로 사회적 압박감이 동물들에게 어떤 영향을 미치는지 연구했고, 사회적 압박감이 사람에게 작용하는 것과 마찬가지의 결과를 얻었다.
　더 높은 성과를 내야 한다는 과도한 동기 의식은 높은 수준의 보상에 의해서도, 사회적 압박감에 의해서도 초래될 수 있다. 그리고 그러한 동기가 최대의 이익을 가져다주는 상황에서 오히려 낮은 성과를 나타낸다는 사실을 우리는 주시할 필요가 있다. 따라서 성과급에서 동기를 촉진하는 요소는 유지하면서도 과도한 압박감으로 생산성을 저해하는 요소를 배제할 수 있다면, 그것이 가장 좋은 방법일 것이다.

01 이 글에 대한 이해로 적절하지 않은 것은?

① 수행해야 하는 업무의 성격에 따라 돈은 동기를 부여하는 수단으로 기능할 수 있다.
② 동물은 사회적 압박을 받지 않을 때보다 사회적 압박을 받을 때 낮은 성과를 낸다.
③ 첫 번째 실험을 통해 보상의 크기와 그로 인해 얻는 성과 사이의 상관관계를 확인할 수 있다.
④ 두 번째 실험에서 개인용 칸막이는 사회적 압박을, 실험 참여자들이 푼 애너그램 문제는 성과를 의미한다.

02 빈칸에 들어갈 결론으로 가장 적절한 것은?

① 기계적인 임무와 인지 능력을 필요로 하는 임무에서 모두 높은 수준의 보상은 반드시 높은 성과로 이어진다
② 기계적인 임무와 인지 능력을 필요로 하는 임무에서 모두 높은 수준의 보상이 높은 성과로 이어지지 않을 수도 있다
③ 인지 능력을 필요로 하는 임무에서는 높은 수준의 보상이 높은 성과로 이어지지만, 기계적인 임무에서는 반대의 상황이 나타날 수 있다
④ 기계적인 임무에서는 높은 수준의 보상이 높은 성과로 이어지지만, 인지 능력을 필요로 하는 임무에서는 반대의 상황이 나타날 수 있다

03 문맥상 ⓐ~ⓓ 중 지시 대상이 같은 것만으로 묶인 것은?

① ⓐ, ⓑ
② ⓐ, ⓒ
③ ⓑ, ⓒ
④ ⓒ, ⓓ

04 이 글의 논지를 강화하는 사례만을 〈보기〉에서 모두 고르면?

> **보기**
> ㉮ 갑은 기계적인 업무보다 인지 능력을 필요로 하는 업무가 보상이 더 크다는 사실을 알고 인지 능력을 필요로 하는 업무에 지원했다.
> ㉯ 수술 성공 시 거액의 보상을 받기로 약속받은 을은 수술 시간 내내 거액의 보너스로 요트를 구입할 생각에 빠져 결국 수술에 실패했다.
> ㉰ 업계 1위를 달리던 회사가 영업 사원의 실적을 회사 홈페이지에 공개하자 모든 영업 사원의 계약 건수가 줄어들어 업계 꼴찌로 전락했다.

① ㉮, ㉯ ② ㉮, ㉰
③ ㉯, ㉰ ④ ㉮, ㉯, ㉰

이 글을 한 문단으로 요약하시오.

문제 포인트

♦ 동일한 단어의 문맥적 의미는 앞뒤 내용, 서술어, 수식 구 등을 통해 파악할 수 있다.

ⓐ 그들	실험 주체	→	연구 팀
ⓑ 그들	연구 팀의 주장을 반박한 주체	→	금융계 종사자들
ⓒ 그들	실험 주체	→	연구 팀
ⓓ 그들	애너그램 문제 풀이 주체	→	실험 참여자들

요약문

댄 애리얼리 교수의 연구 팀은 높은 수준의 보상을 제시하면 성과가 늘어나지 않을 수는 있어도 부정적인 성과로 이어지는 것은 아니라고 판단하였다. 그러나 MIT 학생들을 대상으로 한 실험 결과, 인지 능력이 요구되는 임무의 경우 높은 수준의 보상이 오히려 스트레스를 높여 성과를 저해할 수 있음이 밝혀졌다. 이에 대한 반대 의견이 나오자 연구 팀은 사회적 압박 요소를 도입하여 두 번째 실험을 진행했는데, 그 결과 사회적 압박감이 성과를 저해할 수 있음이 밝혀졌다. 이러한 결과를 고려했을 때, 성과급에서 동기를 촉진하는 요소는 유지하면서도 과도한 압박감으로 생산성을 저해하는 요소를 배제하는 것이 가장 좋은 방법임을 알 수 있다.

독해야 산다 1일 1독 — NO. 05

- 소요 시간   분   초
- 맞힌 갯수   / 4

독해 포인트
◆ 원인과 결과 구조의 글을 읽을 때는 '인 → 과'로 표시하면서 읽는 습관을 들이자.
◆ 팬데믹 선언 이후 사회적 혼란이 일어난 이유와 오류의 고착화 현상이 일어난 이유를 중점적으로 살펴보자.

　특정 단어에 대한 정보 검색 빈도는 대중의 관심을 파악하는 척도이다. 코로나로 인한 팬데믹이 발생한 2020년에 전 세계의 코로나 감염자 수는 시간이 흐르면서 기하급수❶로 계속 증가한 데 반해 코로나 검색 빈도는 팬데믹 선언 시점 전후로 폭발적으로 늘었다가 한 달도 지나지 않아 급격하게 줄어들었다. 이는 ㉠ 실제 위험은 계속 증가하는데도 관심은 금방 식어버렸다는 것을 의미한다. ㉡ 검증된 정보가 충분하다면 이런 관심과 위험의 반비례 현상은 큰 문제가 되지 않는다. 대중이 제대로 된 정보를 일단 습득하면 이를 바탕으로 지속되는 위험에 대해 합리적으로 판단하고 행동하기 때문이다. 하지만 제대로 검증된 정보가 부족한 상황에서 대중의 관심이 현저히 줄어드는 현상은 사회적 혼란과 부작용을 발생시킨다.

　공포는 이성을 마비시켜 검증되지 않은 정보를 쉽게 받아들이게 하고, 확산시킨다. 이처럼 검증되지 않은 정보가 급속하게 퍼져서 사회적 부작용을 일으키는 현상을 인포데믹(infodemic)이라 한다. 이는 ㉢ 검증된 정보의 공급을 수요가 따라가지 못해서 발생한다. 즉 팬데믹이 선언되자 검증된 정보에 대한 대중의 관심은 폭발적으로 증가한 것에 비해 코로나19는 '신종'이었기에 검증된 과학 정보가 턱없이 부족하였던 것이다. 인포데믹은 집단에서 사회적 질병을 일으킨다. 인포데믹의 병리 기전은 ㉣ 기존에 받아들인 정보의 오류가 드러났는데도 인정하지 않는 오류의 고착화 현상이다. 이 현상이 나타나면 나중에 정확한 정보를 접하더라도 무시하게 된다.

　왜 이러한 현상이 일어나는 것일까? 두뇌에서 지식은 수많은 뇌세포가 연결되어 구성되는 회로 형태로 저장된다. 뇌세포의 연결은 많은 에너지가 필요하다. 효율적 구성을 위해 회로들은 단계적으로 형성된다. 간단한 지식의 기본 회로들이 형성되면, 이 기본 회로를 연결해 더 복잡한 지식을 형성해 나간다. 그런데 평생 쌓아온 거대한 신경망 회로의 바탕이 되었던 기초 지식이 잘못되었다는 의심이 들면 어떤 상황이 벌어질까? 기초가 부정되면 여기에서 파생된 모든 회로가 무용지물이 된다. 아예 백지 상태에서 회로를 구성하는 것보다 기존 회로를 끊고 새롭게 재구성하는 데 더 많은 에너지가 필요하다. 이런 상황에 놓이면 진실을 받아들이기보다는 진실을 부정하는 것이 에너지 비용 면에서 효율적이다.

　바이러스 전파 특성을 파악하는 생물학 실험에는 결론에 영향을 미치는 변수가 무수하게 존재한다. 따라서 과학자들의 논문에는 분석한 데이터와 실험의 한계 조건이 엄격하게 정의되어 있다. 따라서 논문에서 주장하는 가설은 논문에서 설정된 한계 범위에서만 참이다. 이 단편적 지식들이 과학 지식으로 검증이 되기 위해서는 각각의 논문에 설정된 조건을 뛰어넘는 일반화가 필요하다. 일반화를 하려면 다양한 한계 조건의 논문으로 교차 검증해야 한다. 그런데 팬데믹 초기의 집단 공황❷ 상태에서 이런 단편적인 논문의 내용이 경쟁적으로 보도가 되었고, 이 중 일부가 과학적 진리로 받아들여지면서 혼란이 발생한 것이다.

---

❶ 기하급수(幾何級數)
증가하는 수나 양이 아주 많음을 이르는 말

❷ 공황(恐慌)
두려움이나 공포로 갑자기 생기는 심리적 불안 상태 예 공황 장애

과학 논문에서는 주장보다 연구 조건의 한계가 더 중요하다. 이를 무시하고 한두 편의 논문을 근거로 자신이 진실이라고 강력하게 주장하는 경우는 ⓐ 불충분한 통계 자료, 제한된 정보, 대표성을 결여한 자료 등을 부당하게 일반화한 오류에 해당한다. 현대 과학에서 가설은 새로운 증거에 의해 얼마든지 수정되고 반박이 가능하다. 부정이 불가능한 명제는 아예 현대 과학의 대상이 되지 않는다. 이 과정을 통해 과학 지식은 점차 진실을 향해 진화해 나가는 것이다.

01 이 글에서 추론한 내용으로 가장 적절한 것은?
① 논문에서 설정된 조건에 부합하는 가설은 과학 지식으로 일반화될 수 없다.
② 코로나19에 대한 정보 부족과 대중의 관심 부족으로 인포데믹 현상이 일어났다.
③ 팬데믹 선언 후 과학 지식으로 검증되지 않은 단편적 지식의 확산이 사회적 혼란 발생에 영향을 미쳤다.
④ 뇌에서 기존 지식을 재구성하는 것보다 새로운 지식을 쌓는 것이 에너지 면에서 비효율적이기 때문에 오류의 고착화 현상이 일어난 것이다.

02 ㉠~㉣ 중 문맥상 어색한 곳을 찾아 바르게 수정한 것은?
① ㉠: 실제 위험이 줄어든 만큼 관심도 금방 식어버렸다는
② ㉡: 검증된 정보가 불충분하다면
③ ㉢: 검증된 정보의 수요를 공급이 따라가지 못해서 발생한다
④ ㉣: 기존에 받아들인 정보의 오류가 드러나 이를 인정하는

03 ⓐ에 해당하는 사례로 가장 적절한 것은?
① A는 신이 존재하지 않는다고 믿는다. 왜냐하면 아무도 신을 목격하지 못했기 때문이다.
② B는 어제 먹은 일식이 정말 맛이 없었기 때문에 모든 일식이 맛없을 것이 분명하다고 판단했다.
③ C는 올해 곡식 생산이 작년보다 증가했다는 사실을 근거로 하여 보리 생산도 증가했을 것이라고 주장했다.
④ D는 운동화 끈이 풀리면 언제나 시험을 못 봤다. 따라서 그는 이번 시험을 보기 전에 운동화 끈을 꽉 묶었다.

04 이 글에 대한 평가로 옳은 것을 〈보기〉에서 모두 고르면?

> **보기**
> 갑: 과학은 반박당할수록 강해진다는 칼 포퍼의 견해가 추가된다면, 이 글의 논지는 강화된다.
> 을: 고장이 나지 않는 한 뇌에 한 번 저장된 기억은 오래되어도 사라지지 않는다는 견해가 추가된다면, 이 글의 논지는 약화된다.
> 병: 생명을 위협하는 공포가 각인되면 공포로부터 회피하기 위해 정확하지 않은 정보를 믿게 된다는 견해가 추가된다면, 이 글의 논지는 강화된다.

① 갑, 을
② 갑, 병
③ 을, 병
④ 갑, 을, 병

이 글을 한 문단으로 요약하시오.

문제 포인트

♦ 주요 논리의 오류를 익혀 두자.

성급한 일반화의 오류	불충분한 통계 자료, 제한된 정보, 대표성을 결여한 자료 등을 부당하게 이용하여 특수한 사례를 일반화한 오류
무지에 호소하는 오류	증명할 수 없거나 알 수 없는 사실을 근거로 들어 자신의 주장을 정당화하는 오류
분할의 오류	집합이 어떤 성질을 지니고 있다는 내용의 전제로부터 그 집합의 각각의 원소들 역시 개별적으로 그 성질을 지니고 있다는 결론을 도출하는 오류
잘못된 인과 관계의 오류	두 사건 사이에 실제로 인과 관계가 없음에도 인과 관계로 잘못 판단하는 오류

요약문

코로나 팬데믹 선언 후 검증된 정보에 대한 대중의 관심에도 불구하고 검증된 과학 정보가 부족하자 검증되지 않은 정보가 급속하게 퍼지는 인포데믹 현상이 발생하였다. 인포데믹의 병리 기전은 기존에 받아들인 정보의 오류가 드러났는데도 인정하지 않는 고착화 현상이다. 이는 뇌세포의 회로가 단계적으로 형성되어 기초가 부정되면 여기에서 파생된 모든 회로가 무용지물이 되기 때문에 일어나는 것이다. 단편적 지식이 과학 지식으로 검증되려면 다양한 논문이 교차 검증되어야 한다. 하지만 팬데믹 상황에서 단편적 논문이 경쟁적으로 보도되었고 이 중 일부가 과학적 진리로 받아들여지면서 혼란이 발생했다. 연구 조건의 한계를 무시하고 한두 편의 논문을 근거로 자신이 진실이라고 주장해서는 안 된다.

독해야 산다 1일 1독 NO. 06

독해 포인트
- 문자 체계의 발전 과정을 정리해 보자.
- 말, 그림 문자, 상형 문자, 단어 문자 등의 한계는 다음 단계의 문자 체계가 등장하는 데 배경이 된다.

　말은 멀리 가지 못하고, 서로 다른 장소에 동시에 전달될 수 없는 ㉠<u>공간적 제약</u>이 있다. 또한 말은 입에서 나온 순간 사라지므로 오래 보존되지 못하는 ㉡<u>시간적 제약</u>이 있다. 이를 보완하기 위해 문자 이전 시대에 사람들은 적의 침입을 알리는 봉화와 같은 시각적인 보조 수단을 동원하였다. 이보다 훨씬 더 널리 통용된 수단은 그림 문자였다. 그러나 ㉮<u>어떤 그림이 진정한 문자가 되기 위해서는 그 그림이 언제나 언어의 어떤 단위와 긴밀한 대응 관계를 가져야만 한다.</u> 가령 험준한 산 입구 바위에 그려진 '양' 그림이 때에 따라 다른 의미를 가리킨다면 문자의 구실을 할 수 없다.

　문자 하나하나가 언어 단위 중 단어 하나하나를 대표할 때 그러한 문자 체계를 단어 문자라고 한다. 단어 문자의 초기 모습은 사물의 모양을 간략한 그림으로 형상화시킨 상형❶ 문자였다. 인류 최초의 문자들은 인류 문명 발상지 곳곳에서 생겼는데, 한결같이 상형 문자였다. 그런데 이러한 상형 문자는 차츰 획(劃)의 모양으로 간략화되었다. 한자를 예로 보아도, 해를 日, 나무를 木으로 씀으로써 애초의 상형의 대상이었던 사물의 모습은 이미 찾아보기 어렵게 되고, ㉢<u>그리기보다는 쓰는 글자</u>의 모습을 갖추게 되었다. 그런데 상형 문자는 추상적이고 관념적인 것을 나타내기도 어려운 데다가 구체적인 것이라 할지라도 꽃의 종류를 구분하여 상형 문자를 만드는 일은 쉬운 일일 수 없다. 따라서 상형 문자로써 나타낼 수 있는 사물의 수란 ㉣<u>무한대로 늘어날 수밖에 없었다.</u> 그래서 단어 문자는 둘 이상의 문자를 결합하여 새로운 개념을 가리키게 하는 쪽 등으로 발전하게 되었다. 이런 단계의 문자를 표의 문자라고 부른다. 상형 문자는 모두 단어 문자에 속하지만 단어 문자가 모두 상형 문자는 아닌 것이다.

　상형 문자나 단어 문자는 흔히 표의 문자라 부르는데, 이는 뜻을 나타내는 문자라는 의미이다. 이때의 뜻이란 물론 단어의 뜻을 가리킨다. 그런데 단어 문자의 글자도 표음 문자처럼 어떤 음가를 가진다. 가령 '山'은 [san]이란 음가를 가지고 있다. 그러나 이 글자들은 어떤 한 사물을 대표하는 글자이기 때문에 자연히 한 단어의 뜻을 대표한다. 그리고 음과 뜻 중 어느 쪽을 대표하는 기능이 더 큰가 하면 ㉤<u>뜻 쪽이라고 할 수 있다.</u> 왜냐하면 '山'은 중국, 한국, 일본에서 음은 달리 읽혀도 그 글자의 모양은 바뀌지 않고 그것이 산을 가리키는 기능도 달라지지 않기 때문이다.

　단어 문자의 글자들은 음이 같다 하더라도 그 뜻이 다르면 각기 다른 글자를 만들어야 한다. 가령 한자의 발음이 다 같이 [toŋ]이라도 뜻에 따라 '동(東), 동(同), 동(銅)'처럼 여러 글자를 마련하여야 한다. 이것은 원만한 문자 생활을 위해서는 상당히 많은 글자를 만들어야 한다는 것을 뜻한다. 이러한 불편 때문에 단어 문자는 어떤 음만 대표하는 음절 문자로 바뀐다. 음절 문자란 글자 하나하나가 뜻과 관계없이 어떤 소리를 대표하되 그 소리의 단위가 음절인 문자 체계를 말한다. 따라서 음절 문자는 표음 문자이다. 표음 문자에는 음소❷ 문자도 있다. 음소 문자는 자모 문자라고도 하는데, 글자 하나하나가 대표하는 음의 단위가 음소(音素)인 점이 음절 문자와 다르다. 음절 문자는 자음과 모음이 분리되어 있지 않지만, 음소 문자는 자음과 모음이라는 글자가 분리되어 있다. 음소보다

---

❶ **상형(象形)**
한자 육서(六書)의 하나. 물체의 형상을 본떠서 글자를 만드는 방법

❷ **음소(音素)**
더 이상 작게 나눌 수 없는 음운론상의 최소 단위. 하나 이상의 음소가 모여서 음절을 이룸.

더 작은 단위를 글자의 단위로 삼는 일은 없기 때문에 음소 문자는 문자 중 가장 작은 언어 단위를 대표하는 문자라고 할 수 있다.

01 이 글의 글쓰기 방식에 대한 설명으로 적절하지 않은 것은?

① 특정 문자 체계가 지닌 한계를 제시하고 있다.
② 다양한 문자 체계를 병렬적으로 서술하고 있다.
③ 전문가의 견해를 인용하여 독자의 이해를 돕고 있다.
④ 사례를 통해 추상적 내용을 구체적으로 설명하고 있다.

02 이 글의 내용을 바르게 이해한 사람만을 〈보기〉에서 모두 고르면?

> 〈보기〉
> 갑: 단어 문자의 범위보다 상형 문자의 범위가 더 크군.
> 을: 단어 문자의 글자와 음절 문자의 글자는 모두 음과 뜻을 모두 가지고 있군.
> 병: 음절 문자는 표음 문자이지만, 표음 문자라고 해서 반드시 음절 문자인 것은 아니겠군.
> 정: 소리의 단위가 서로 다른 음절 문자와 음소 문자 중 후자가 더 작은 언어 단위로 하는 문자 체계이군.

① 갑, 병
② 을, 정
③ 을, 병
④ 병, 정

03 ㉮에서 추론한 내용으로 적절하지 않은 것은?

① 그림과 의미가 긴밀한 대응 관계를 가지는 것은 그림이 진정한 문자가 되기 위한 필요조건이다.
② 어떤 그림이 문자의 구실을 하지 못했다는 것은 그 그림이 의미하는 바가 때에 따라 달랐음을 의미한다.
③ 진정한 문자라고 학계에서 인정받은 어떤 그림이 상황에 따라 서로 다른 의미를 가리키는 사례가 발견됐다면, ㉮는 약화될 것이다.
④ 고대 동굴에 그려진 '돌고래' 그림이 단일한 의미로 사용되었고 이것이 문자의 역할을 했음이 밝혀지면, ㉮는 강화될 것이다.

04 ㉠~㉤ 중 어색한 곳을 바르게 수정한 것은?

① ㉠은 '시간적 제약'으로, ㉡은 '공간적 제약'으로 수정한다.
② ㉢은 '쓰기보다는 그리는 글자'로 수정한다.
③ ㉣은 '한정될 수밖에 없었다'로 수정한다.
④ ㉤은 '음 쪽이라고 할 수 있다'로 수정한다.

이 글을 한 문단으로 요약하시오.

문제 포인트

♦ 글쓰기 방식을 묻는 문제는 꾸준한 요약 훈련으로 대비할 수 있다. 일반적인 글에서 가장 많이 사용하는 개념 10가지는 다음과 같다.

구조화 10개념

개념	예시	비교	대조	인과
정의, 명칭, 의미	사례, 구체화	공통점, 일치	차이, 대비, 차별점	원인, 이유, 배경/결과, 영향

특성	종류	효과	문제	해결
특징, 성질, 요건, 중요성, 중요도	유형, 분류	효능, 효용성, 의의, 기능, 역할, 필요성	폐해, 폐단, 부정적 영향, 위험성	대안, 대책, 방안, 전망, 예측, 영향

요약문

말이 지닌 시공간적 제약을 보완하기 위해 그림 문자가 널리 통용되었지만, 그림 문자는 의미와 긴밀한 대응을 하지 않으면 문자 구실을 할 수 없었다. 그러자 문자 하나하나가 단어 하나하나를 대표하는 단어 문자가 등장했다. 이러한 단어 문자의 초기 모습은 상형 문자였다. 그러나 상형 문자의 한계로 인해 단어 문자는 둘 이상의 문자를 결합하는 표의 문자로 발전하였다. 표의 문자는 뜻을 나타내는 문자라는 의미로, 상형 문자나 단어 문자를 표의 문자라고 부른다. 단어 문자는 음이 같더라도 그 뜻이 다르면 각기 다른 글자를 만들어야 하는 한계가 있기 때문에 단어 문자는 음절 문자로 발전하게 되었다. 음절 문자는 표음 문자인데, 표음 문자에는 음소 문자도 있다. 음소 문자는 문자 중 가장 작은 언어 단위를 대표하는 문자이다.

독해야 산다 1일 1독

NO. 07

소요 시간   분   초
맞힌 갯수   /4

독해 포인트
◆ 글에 나온 사례를 통해 '집단 지성'과 '집단 사고'의 개념을 이해한다.
◆ '집단 지성'과 '집단 사고'를 가르는 기준은 '개인의 독립성 확보 여부'이다.

　19세기 영국의 지적 괴짜 프랜시스 골턴은 한 지역 축제에서 놀라운 현상을 포착했다. 소의 무게를 추측해서 가장 정확히 맞히는 사람이 우승하는 행사에서 참가자들의 추측은 제각각이었지만 이를 합산해서 낸 평균값은 어떤 전문가보다 정확함을 발견한 것이다. 흔히 ㉠'집단 지성'으로 일컬어지는 이 현상은 다수의 지적 능력을 결합해서 최선의 결과를 만들어 낼 수 있다는 의미에서 정보화 시대의 새로운 가능성으로 다시금 주목받고 있다. 개인이 처리할 수 있는 지식과 정보의 한계가 뚜렷한 상황에서 다수의 능력을 결합하면 더 나은 결론을 도출할 수 있을 것이라는 점은 이해하기 어렵지 않다. 그렇다면 다수는 언제나 개인보다 현명할까?
　2003년 작업을 마치고 대기권에 진입하던 미국의 우주 왕복선 컬럼비아호는 이륙 과정에서 단열재가 날개를 손상시켰을 가능성을 알고 있었지만 누구도 최악의 상황을 생각하려 하지 않았다. 모두가 임무 성공에 따르는 결과의 저울질에 초점을 맞춘 상황에서 실패 가능성을 논하는 것은 가능하지 않았다. 결국 컬럼비아호는 대기권에서 폭발했고 승무원 전원이 사망했다. 최고의 전문가가 포진한 집단에서 벌어진 이 사건은 ㉡'집단 사고'의 사례로 자주 언급된다.
　집단 지성과 집단 사고의 차이는 무엇일까. 어떤 경우 집단은 현명하지 못한 판단을 하게 될까. ⓐ학자들은 개인의 독립성이 확보되면 집단 지성이 발휘되고, 그렇지 않으면 집단 사고에 빠진다고 본다. 개인의 독립성이란 타인의 의견이나 분위기에 휘둘리지 않고, 자신의 판단 기준에 따라 스스로 사고하고 결정할 수 있는 능력이나 태도를 의미한다. 이들에 따르면, 골턴의 사례처럼 개인의 독립적 추측을 합산하는 경우 개인마다 의견이 조금씩 다를 것이므로 개별 추측이 더해질 때마다 집단이 보유한 정보의 양은 늘어난다. 그러나 개인의 독립성이 보장되지 않고 서로의 판단에 영향을 받는다면 얘기가 달라진다. 대다수의 판단은 가장 두드러진 누군가의 의견을 따라가게 되므로 결국 집단의 판단은 영향력 있는 개인의 판단으로 수렴된다. 이런 경향은 지적 능력이나 영향력의 편차가 클 때 더 두드러지게 나타난다. 영향력 있는 개인이 오판을 하고 있다면 다수의 지지는 상황을 더욱 극단으로 몰아가서 결국 파국을 초래할 수도 있다.
　정치인들은 종종 인터넷에서 형성된 여론을 한쪽으로 쏠리는 ⓐ 의 전형으로 인식한다. 뚜렷한 자기 생각 없이 다수의 의견에 휩쓸리는 대중의 가벼움을 개탄하기도 한다. 그러나 우려와 달리 인터넷처럼 수평적 커뮤니케이션이 가능한 환경에서는 개인이 자유롭게 의견을 개진하고 정보를 교류하므로 ⓑ 이(가) 힘을 발휘하기가 더 쉽다. 반면 수직적 위계가 공고하거나 서로의 의견에 영향을 받기 쉬운 환경에서는 ⓒ 의 위험이 도사린다. 이러한 환경에서는 개인의 의견보다 그가 속한 집단의 방향이 더 중시되고 그에 맞추는 분위기가 우세하기 때문이다.
　타인의 영향력에서 완전히 벗어나는 것은 가능하지 않다. 그럼에도 중요한 판단을 내릴 때 우리는 스스로의 독립성에 조금 더 주목해야 한다. 만장일치를 단결과 협력의 징표로 삼는 만연한 풍토

를 집단 사고의 징후로 바라볼 수 있어야 한다. 때론 잡음으로, 협력을 깨는 균열로 보일지 모르지만 자신만의 목소리를 내는 사람들이 결국 집단 사고의 함정에서 우리 모두를 구해 낸다는 사실을 기억해야 한다.

01 이 글에서 추론한 내용으로 가장 적절한 것은?

① 다수는 개인보다 늘 현명한 판단을 내린다.
② 집단 사고를 벗어나기 위해서는 특정 개인의 목소리가 좀 더 큰 영향력을 갖도록 해야 한다.
③ 집단 지성과 달리 집단 사고는 개인의 정보가 더해질 때마다 집단이 보유한 정보의 양은 줄어든다.
④ 다양한 의견과 차이를 허용하지 않고 하나의 방향만을 강요하는 사회에서는 집단 사고가 나타날 수 있다.

02 Ⓐ의 주장에 대한 평가로 옳은 것만을 〈보기〉에서 모두 고르면?

보기
㉮ 개인의 독립성이 유지되는 상황에서 각 개인이 한 문제를 서로 다른 각도에서 바라본다면, Ⓐ의 주장은 강화된다.
㉯ 개인의 독립성을 허용하지 않는 집단에서 구성원이 만장일치를 이루기 위해 비판적 사고를 억누른다면, Ⓐ의 주장은 강화된다.
㉰ 위기 상황에서는 모두가 제각기 판단하는 것보다 영향력 있는 리더의 판단에 의존하는 것이 안전하다면, Ⓐ의 주장은 강화된다.

① ㉮, ㉯ ② ㉮, ㉰
③ ㉯, ㉰ ④ ㉮, ㉯, ㉰

03 ㉠과 ㉡의 사례로 적절하지 않은 것은?

① ㉠: 미국 해군은 핵 잠수함을 잃어버리자 다양한 전문가들을 모아 가능한 위치를 각자 예측하게 하고, 이를 확률적으로 통합한 끝에 잠수함을 찾을 수 있었다.
② ㉠: 17세기 당시 특정 종교에 심취한 사람들이 서로의 주장과 의혹을 조합해 마녀로 의심되는 여성들을 추적하였으며 그 결과 무고한 이들이 희생되었다.
③ ㉡: 미국 정부의 쿠바 침공 계획에 회의적인 참모들은 끝내 자신의 의견을 말하지 못한 채 대통령을 비롯한 다수의 낙관적 판단에 따라 결정을 내렸고, 그 결과 참사가 발생하였다.
④ ㉡: 리먼 브라더스의 CEO가 부채 확장을 주장하자 다른 금융 기관들도 이를 추종한 결과 글로벌 금융 위기가 촉발됐다.

04 이 글의 ⓐ~ⓒ에 들어갈 말을 적절하게 나열한 것은?

	ⓐ	ⓑ	ⓒ
①	집단 지성	집단 사고	집단 지성
②	집단 지성	집단 지성	집단 사고
③	집단 사고	집단 지성	집단 사고
④	집단 사고	집단 사고	집단 지성

이 글을 한 문단으로 요약하시오.

문제 포인트

◆ 사례를 찾는 문제를 풀 때는 ① 핵심 개념을 통해 사례의 적절성을 판단하거나, ② 글에 나타난 사례와 유사 정도를 파악해야 한다.

⊙ 집단 지성	⊙ 집단 사고
소의 무게 추측	우주 왕복선 컬럼비아호
개인의 독립성 ○	개인의 독립성 ×
최선의 결과	불합리한 결과

요약문

집단 지성은 다수의 지적 능력을 결합해서 최선의 결과를 만들어 내는 현상을 의미한다. 반면 집단 사고는 다수의 의견이 한쪽으로 수렴되어 비합리적인 결정을 내리게 되는 현상을 의미한다. 학자들은 개인의 독립성 확보 여부에 따라 집단 지성 혹은 집단 사고가 나타날 수 있다고 주장한다. 즉 개인의 독립성이 확보되면 집단 지성이 나타날 수 있지만, 개인의 독립성이 확보되지 않으면 집단 사고가 나타날 수 있다는 것이다. 인터넷과 같이 수평적 커뮤니케이션이 가능한 환경에서는 개인이 자유롭게 의견을 개진할 수 있으므로 집단 지성이 나타나기 쉽지만, 수직적 위계가 공고한 환경에서는 집단 사고가 나타날 수 있다. 따라서 중요한 판단을 내릴 때는 스스로의 독립성에 주목해야 한다.

독해야 산다 1일 1독

독해 포인트
- 서로 다른 입장이 나오면, 대조되는 지점이 무엇인지를 파악하자.
- '그리고, 아울러, 반면' 등의 접속어는 이어지는 내용을 암시하는 표지이다. 접속어를 잘 활용하여 지문의 흐름을 이해하자.

리프킨은 사회적 상호 작용에서의 자기표현은 본질적으로 연극적이며, 표면 연기와 심층 연기로 이루어진다고 언급했다. 연극적이라 함은 다중적인 정체성을 넘나들며 여러 개의 자아를 연기할 수 있음을 뜻한다. 표면 연기는 내면의 자연스러운 감정보다 의례적❶인 표현과 같은 형식에 집중하여 연기하는 것이고, 심층 연기는 내면의 솔직한 정서를 불러내어 자신의 진정성을 보여 주는 것이다. 인터넷에서의 커뮤니케이션에 주목한 리프킨은 가상 공간에서 자기표현이 더욱 활발히 이루어진다고 보았다.

사람들과의 관계 속에서 고유한 존재로서의 위상을 드러내는 것을 자기 정체성이라고 한다. ㉮ 가상 공간의 특성에 주목한 연구자들은 가상 공간에서 다양하게 나타나는 자기 정체성을 살펴봤다. 이들은 가상 공간에서는 익명성이 작동하므로 현실에서 위축되는 사람도 적극적으로 자기표현을 할 수 있다고 본다. 아울러 현실에서의 자기 정체성을 감추고 다른 인격체로 활동하거나 현실에서 억압된 정서를 공격적으로 드러내기도 한다고 주장한다. 게임 아이디, 닉네임, 아바타 등 가상 공간에서 개별적 대상으로 인식되는 '인터넷 ID'에 대한 사이버 폭력이 넘쳐 나는 현실도 이와 무관하지 않다.

사이버 폭력과 관련하여, 인터넷 ID만을 알고 있는 상황에서 그에 대해 명예 훼손이나 모욕 등의 공격이 있을 때 가해자에게 법적인 책임을 물을 수 있는지에 대한 논란이 있어 왔다. 이는 인터넷 ID가 사회적 평판인 명예의 주체로 인정될 수 있는가와 관련된다. ㉠ 인터넷 ID의 명예 주체성을 인정하는 입장에 따르면, 자기 정체성은 일원적❷ · 고정적인 것이 아니라 현실 세계와 가상 공간에 걸쳐 존재하고 상호 작용하는 복합적인 것이다. 인터넷에서의 자기 정체성은 사용자 개인의 자기 정체성의 일부이기 때문에 자기 정체성을 가진 인터넷 ID의 명예 역시 보호되어야 한다. 반면 ㉡ 인터넷 ID의 명예 주체성을 인정하지 않는 입장에 따르면, 생성 · 변경 · 소멸이 자유롭고 복수로 개설이 가능한 인터넷 ID는 그 사용자인 개인을 가상 공간에서 구별하는 장치에 불과하다. 인터넷 ID는 현실에서의 성명과 달리 그 사용자인 개인과 동일시될 수 없고, 인터넷 ID 자체는 사람이 아니므로 명예 주체성을 인정할 수 없다는 것이다.

한편 Ⓐ 가상 공간에서 가해자가 명예 훼손을 했을 때 법적 책임 유무를 판단하는 데에 다양한 의견이 존재한다. **갑**은 인터넷 ID에 명예 주체성을 부여하지 않으면서도, 실명을 거론한 경우는 물론, 실명을 거론하지 않았더라도 주위 사정을 종합할 때 인터넷 ID의 사용자가 누구인지를 제삼자가 알 수 있는 경우에는 명예 훼손이나 모욕에 대한 가해자의 법적 책임이 성립한다고 본다. **을**은 인터넷 ID가 그 사용자인 개인과 동일시될 수 없으므로 인터넷 ID만을 아는 상황에서 가해자가 실명을 거론하여 제삼자가 인터넷 ID의 사용자가 누구인지 알 수 있어야만 가해자의 법적 책임이 성립한다고 보았다. 반면 인터넷 ID는 가상 공간에서 성명과 같은 기능을 하므로 제삼자의 인식 여부가 법적 책임의 근거가 될 수 없다는 **병**의 주장도 있다. 즉 제삼자가 인터넷 ID의 사용자에 대해 알든, 모르든 가해자의 법적 책임이 성립한다고 본 것이다.

---

❶ 의례적(儀禮的)
의례에 맞는 것 / 형식이나 격식만을 갖춘 것

❷ 일원적(一元的)
근원이 하나인 것 / 특정한 문제나 사항을 오직 하나의 원리로 설명하는 것

01 이 글에 대한 이해로 적절하지 않은 것은?

① 진솔한 감정을 드러내려면 표면 연기보다 심층 연기가 더 적합하다.
② 리프킨이 주장한 자기표현은 현실이 아닌 가상 공간에서 이루어지는 것이다.
③ 리프킨에 따르면 사회적 상호 작용을 통해 개인은 다양한 자아를 드러낼 수 있다.
④ 게임 아이디에 대한 명예 훼손 성립 여부는 인터넷 ID가 명예의 주체로 인정될 수 있는지의 여부에 따라 달라질 수 있다.

02 ㉮가 활용할 수 있는 사례가 아닌 것은?

① 평범한 가장이지만 자기가 드러나지 않는 온라인 공간에서는 비도덕적 언행과 일탈적 행위를 즐기는 A의 사례
② SNS에서 자유롭게 의견을 피력하고 능동적으로 토론에 참여하지만 현실에서는 은둔형 외톨이인 B의 사례
③ 팀 프로젝트 회의를 하기 위해 인터넷 홈페이지에 회의 날짜와 장소 등을 공지한 팀장 C의 사례
④ 인터넷 게임에서 만난 사람에게 대학 학과 생활을 이야기한 미성년자 D의 사례

03 ㉠과 ㉡에 대한 평가로 가장 적절한 것은?

① 가상 공간에서는 아바타와 현실 주체가 정체성과 인권을 공유하고 있다는 견해가 추가된다면, ㉠은 약화된다.
② 가상 공간에서의 자기(self)는 개인의 또 다른 정체성이 나타나는 것일 뿐 현실 세계에 없던 정체성이 나타나는 것은 아니라는 견해가 추가된다면, ㉠은 강화된다.
③ 가상 공간에서 사용자는 자신의 성별, 가치관 등을 바꿔 자신과 아예 다른 인물을 무한대로 창조할 수 있다는 견해가 추가된다면, ㉡은 약화된다.
④ 가상 공간에서의 인터넷 ID는 자아와 동일시된다는 견해가 추가된다면, ㉡은 강화된다.

04 Ⓐ의 상황에서 갑~병의 주장을 분석한 내용으로 적절한 것만을 〈보기〉에서 모두 고르면?

보기
ㄱ. 갑은 제삼자의 인식 여부를 중시하지만, 을은 중시하지 않는다.
ㄴ. 을은 인터넷 ID의 명예 주체성을 인정하지 않지만, 병은 인정한다.
ㄷ. 가해자가 실명을 거론하지 않아도 가해자가 법적 책임을 질 수 있음에 갑은 동의하지만, 을은 동의하지 않는다.

① ㄴ
② ㄷ
③ ㄱ, ㄴ
④ ㄴ, ㄷ

이 글을 한 문단으로 요약하시오.

문제 포인트

◆ 견해 비교 평가 문제의 선택지에 나오는 서술어(옹호하다, 비판하다, 대립하다, 양립 불가능하다, 동의하다, 견해를 달리하다 등)에 주의하자.

Ⓐ '가상 공간에서 가해자가 명예 훼손을 했을 때 법적 책임 유무 판단'			
	갑	을	병
인터넷 ID의 명예 주체성	×	×	○
실명 거론	○ / ×	○	
제삼자 인식	○	○	○ / ×

요약문

리프킨은 사회적 상호 작용에서의 자기표현은 본질적으로 연극적이라고 보았으며, 인터넷 가상 공간에서 자기표현이 활발히 이루어진다고 주장했다. 가상 공간의 특성에 주목한 연구자들에 따르면, 가상 공간에서는 익명성으로 인해 자기 정체성을 적극적으로 표현하거나 감추게 된다. 이러한 특성은 인터넷 ID에 대한 사이버 폭력을 일으키는 원인이 된다. 사이버 폭력을 한 가해자에게 법적인 책임을 물을 수 있는지 여부는 인터넷 ID를 명예의 주체로 인정하는지 여부가 중요한 역할을 한다. 인터넷 ID를 명예의 주체로 인정하는 입장에 따르면, 인터넷 ID는 자기 정체성을 가지므로 보호되어야 한다. 반면 인터넷 ID를 명예의 주체로 인정하지 않는 입장에 따르면, 인터넷 ID는 그 사용자인 개인과 동일시될 수 없다. 이를 바탕으로 가상 공간에서 명예 훼손을 한 가해자의 법적 책임 유무를 판단하는 데 다양한 견해가 제시되고 있다.

독해야 산다 1일 1독   NO. 09

독해 포인트
◆ '깨진 유리창 이론'의 개념과 적용 사례, 이와 관련한 다양한 견해들을 중점적으로 살펴보자.
◆ 앞부분은 과정과 예시를 중심으로, 뒷부분은 대조를 중심으로 전개되고 있다.

1969년 미국 스탠퍼드 대학의 짐바르도 교수는 치안이 비교적 허술한 골목을 골라 보닛만 열어둔 자동차 한 대와 보닛을 열고 고의적으로 창문을 조금 깬 자동차 한 대를 일주일간 방치했다. 일주일 후 전자는 변화가 없었지만, 후자는 완전히 고철 덩어리나 다름없을 만큼 심하게 망가졌다. 이 실험을 바탕으로 미국의 범죄학자인 제임스와 조지 켈링은 '깨진 유리창 이론'을 발표한다. 이에 따르면, 어떤 건물이 유리창 하나가 깨진 채로 방치된다면 사람들은 건물주나 관리인이 신경을 쓰지 않는다고 생각한다. 그래서 그 앞에 하나둘 쓰레기를 갖다 버리는가 하면, 돌을 던져 다른 유리창도 깨뜨리는 사람들이 생기게 된다. 그러다 결국 그곳의 모든 유리창이 깨지게 되고, 건물 역시 버려진 건물로 인식되어 절도나 강도 같은 강력 범죄가 일어나 일대가 무법천지가 된다는 것이다. 다시 말해 ⓐ□□□□□는 것이 이 이론의 핵심이다.

1980년대만 해도 뉴욕은 연간 60만 건 이상의 중범죄와 2,000건 이상의 살인 사건이 발생하는 범죄 도시였다. ⓑ□□□□□□

마침내 뉴욕은 범죄 도시라는 오명을 벗을 수 있게 되었다. 이후 범죄학·행정학 분야뿐만 아니라 ㉮깨진 유리창 이론은 경영학 분야에도 적용되기에 이르렀다. 즉 경영에 있어서 깨진 유리창을 관리하는 것이 중요하다는 것이다.

이 과정에서 ㉠무관용 원칙을 강조하는 사람들은 사소한 불법 행위도 무관용 원칙에 따라 명확한 잣대를 들이밀어 처벌해야만 유리창이 완전히 깨지는 것을 막을 수 있다고 주장한다. 이에 따라 정부는 기초 질서와 법질서 확립을 강조하고, 기초 질서 위반 행위에 대해 강력하게 단속해야 한다고 선언한다. 법질서를 바로잡기 위해 빗나간 온정주의를 바로잡아야 한다는 목소리도 높다. 엄정하고 냉철한 법 적용으로 사회의 원칙과 기강을 바로 세워야 한다는 것이다.

하지만 ㉡깨진 유리창을 바로잡는다는 명분으로 무관용을 강조하는 태도를 반대하는 사람들도 있다. 예를 들어 문제아를 학교에 그냥 두면 다른 아이들에게까지 나쁜 영향을 미칠 수 있다는 생각은 깨진 유리창 이론에 근거한다. 무관용 원칙을 적용하면 그 아이에게 벌을 가하고 나아가 학교에서 배제하는 결정을 하게 될 것이다. 하지만 이 같은 결정이 꼭 타당하다고만 볼 수 없다. 이들은 엄격한 기준 적용과 처벌보다 관용과 포용이 더 큰 긍정적 효과를 낳는다고 주장한다.

한편 ㉢깨진 유리창 이론에서 중요한 것은 '환경의 개선'이라는 관점도 있다. 가로등, 길거리의 무질서한 낙서처럼 나쁜 환경을 개선해 사람이 살 만한 곳으로 만들면 범죄가 줄어드는 데 핵심이 있다는 것이다. 가난하고 환경이 열악한 곳에서 범죄가 자주 일어날 수밖에 없는 만큼, 그와 같은 곳의 환경을 개선하고 사람들의 삶의 질을 높여주는 것이 범죄를 줄이는 방법이라는 해석이다. 요컨대 사소한 잘못에 엄격한 잣대를 들이대기에 앞서 그들이 범죄 환경에 노출되지 않도록 환경을 개선하는 것이 필요하다는 이야기이다.

01 Ⓐ에 들어갈 내용으로 가장 적절한 것은?

① 주위에 범죄자가 많으면 일반인도 범죄자가 될 수 있다
② 범죄 발생의 여부는 치안의 정도에 따라 달라질 수 있다
③ 사소한 잘못을 바로잡지 않으면 큰 사태가 발생할 수 있다
④ 한 번 범죄를 저지른 사람은 쉽게 더 큰 범죄를 일으킬 수 있다

02 〈보기〉는 Ⓑ에 들어가는 내용이다. ⓐ~ⓔ를 맥락에 맞게 순서대로 나열한 것은?

보기
ⓐ 지하철 벽과 차량을 뒤덮었던 낙서를 지우고 무임승차를 철저히 단속하기 시작했다.
ⓑ 5년이 지나자 놀랍게도 범죄 건수가 줄어들기 시작했다.
ⓒ 그중에서도 특히 지하철은 우범 지역으로 낙인찍혔다.
ⓓ 그리고 뉴욕시 전체로 범위를 넓혀 이전까지 눈감아주었던 사소한 범죄를 모두 규제했다.
ⓔ 이에 당시 뉴욕 시장은 깨진 유리창 이론을 적용해 상황을 타파해 보기로 결정한다.

① ⓒ-ⓐ-ⓓ-ⓔ-ⓑ
② ⓒ-ⓔ-ⓐ-ⓑ-ⓓ
③ ⓔ-ⓒ-ⓐ-ⓓ-ⓑ
④ ⓔ-ⓓ-ⓑ-ⓒ-ⓐ

03 ㉮를 설명하는 예로 적절하지 않은 것은?

① A 기업은 스마트폰 매출을 올리기 위해 대리점 매장 벽의 벗겨진 페인트를 새로 칠했다.
② B 기업은 다른 회사의 도넛보다 월등한 맛을 제공하여 고객에게 좋은 점수를 받을 수 있었다.
③ C 기업은 일부 고객에게 거스름돈을 잘못 거슬러 주고 이를 무시한 결과 경쟁사에 시장을 내줘야만 했다.
④ D 기업은 부진한 실적이 햄버거에 딸려 나오는 장난감의 수량 부족 때문에 발생했음을 발견하고 장난감 공급에 힘을 쏟았다.

04 ㉠~㉢에 관한 평가로 적절한 것만을 〈보기〉에서 모두 고르면?

보기

ㄱ. 무관용 정책 시행 전후의 범죄율을 살펴본 결과 시행 전에 비해 시행 후에 범죄율이 크게 감소하였다면, ㉠은 강화되지만 ㉡은 약화된다.

ㄴ. 한 번 범죄자로 낙인이 찍히면 사회 구성원에게 영원히 범죄 가능성이 있는 사람으로 인식되어 다시 범죄를 저지를 가능성이 매우 높다면, ㉠은 약화되지만 ㉡은 강화된다.

ㄷ. 범죄자의 성장 환경을 조사한 결과 무질서한 동네에서 성장한 사람과 질서 정연한 동네에서 성장한 사람이 비슷한 비율로 존재한다면, ㉢은 약화된다.

① ㄱ, ㄴ
② ㄱ, ㄷ
③ ㄴ, ㄷ
④ ㄱ, ㄴ, ㄷ

이 글을 한 문단으로 요약하시오.

문제 포인트

◆ 배열 문제를 풀 때는 아래의 내용을 꼭 확인하고 지키자.

① 가장 먼저 선택지를 확인하여 첫 번째 올 내용을 찾는다.
② 접속하는 말, 지시어(이, 그, 저 등), 보조사(는, 도 등)를 확인한다.
③ 반복되는 단어나 어구로 이어지는 내용을 찾는다.

요약문

제임스와 조지 켈링은 건물의 유리창 하나가 깨져도 그 일대가 무법천지가 된다는 '깨진 유리창 이론'을 발표한다. 이 이론은 수많은 강력 범죄가 일어나던 뉴욕에 적용되어 뉴욕은 범죄 도시라는 오명을 벗을 수 있게 되었고, 이후 다양한 분야에 적용되기에 이르렀다. 이 과정에서 무관용 원칙을 강조하는 사람들은 사소한 불법 행위도 명확한 잣대로 처벌해야 한다고 주장한다. 하지만 이러한 무관용 원칙보다 관용과 포용이 더 큰 긍정적 효과를 낳는다고 주장하는 사람들도 있다. 한편 범죄를 줄이는 방법으로 환경을 개선해야 한다고 주장하는 사람들도 있다.

1일 1독 NO.10

독해 포인트
- 환경 문제를 둘러싼 '롬보르 vs 환경주의자들'의 주장을 비교·대조해 보자.
- 언어적 형식을 조건문으로 바꾸어 이해할 수 있어야 한다.

역사적으로 환경 문제에 관심이 고조되기 시작한 것은 1960년대부터이다. 서구 지식인들은 급속히 증가하는 인구와 자원 고갈로 인해 21세기에 들어서면 환경이 악화되어 인류가 살기 어려운 상황에 직면할 것이라고 주장했다. 이들은 지구 환경의 미래를 암울하게 전망했다.

그러나 《회의적 환경주의자》에서 저자인 롬보르는 지구 온난화, 삼림 훼손, 식량 및 자원 부족 등 일반적으로 알려진 환경 악화와 자원 고갈 문제가 실제로 발생하지 않고 오히려 개선되고 있음을 통계 자료들을 이용하여 증명하고 있다. 즉 석유를 포함한 천연 자원은 유한하기 때문에 머지않아 고갈된다는 환경주의자들의 주장과 달리, 과학 기술의 발달을 통해 새로운 매장 지역의 발견이 가능해지고, 석유와 같은 화석 연료 및 천연 자원 사용은 보다 더 효율적이게 되었다. 그 결과 현재의 에너지 소비 수준으로도 최소 수천 년 이상 사용할 화석 연료가 있을 뿐 아니라 대체 에너지원을 고려하면 더 오래 사용할 수 있다고 주장한다. 환경주의자들의 주장대로라면 공기와 물의 오염, 그리고 식량 부족으로 사람의 기대 수명은 감소해야 했다. 그러나 객관적 자료를 보면 오히려 기대 수명은 지속적으로 증가했다. 전반적으로 대기 오염과 수질 오염이 개선되어 그로 인한 질병 요인도 감소되었다는 것이다.

환경에 대한 수요는 경제학적으로 보면 사치재에 속한다고 볼 수 있다. 즉 ㉠ 소득이 일정 수준 이상으로 높아지면 환경에 대한 관심과 그에 따른 가치 부여도 증가하는 경향이 있다. 다른 지역에 비해 소득이 높은 서구에서 환경 운동이 발달한 이유도 이와 무관하지 않다. 일반적으로 사람들은 소득이 높아질수록 더 쾌적하고 더 좋은 환경을 원한다. 또한 미국 경제학자인 그로스만과 크루거는 ㉡ 경제 성장의 초기에는 환경이 악화되지만, 소득 수준이 일정 수준에 도달하면 환경 전환기를 거치다가, ㉢ 일정 수준이 지나면 점차 개선된다는 사실을 밝혔다. 가령 산성비의 원인인 아황산 가스의 경우 국민 소득이 7,623달러에 이를 때까지 오염 수치가 점차 상승하다가 소득이 그 이상 넘어가면 떨어지기 시작한다고 한다.

그런데 많은 사람들은 경제가 성장할수록 환경이 악화된다고 믿는 경향이 있다. 사람들이 부유해질수록 위험에 대한 인내심이 감소하고, 안전에 대한 기준이 높아지기 때문이다. 또한 과거에 비해 대체로 환경 오염에 대한 측정 기술이 발달하여 환경 기준이 강화된 이유도 있을 것이다. 독성이나 유해 물질이 새롭게 창출되었다기보다는, 이전에 검출되거나 측정되지 않았던 것들이 발견되었기 때문인 것도 주요 원인이다.

일반적으로 사람들은 이성보다 감성에 쉽게 반응한다. 또한 ㉣ 부정적인 것보다 긍정적인 것에 더 민감하게 반응하는 경향이 있다. 그렇기 때문에 환경에 대한 걱정도 실제 상황보다 더 크게 나타날 수 있다. 안 쓰고 안 먹는 것만으로 환경 오염을 억제할 수는 없다. 만약 그것이 가능하다면 빈곤한 국가들은 깨끗한 환경을 유지하고 있어야 한다. ⓐ 환경의 질을 높이기 위해서는 기존 에너지원을 환경 친화적 에너지원으로 교체해야 한다. 또한 오염 방지 시설을 갖추는 것이 필요하다.

에너지원을 교체하는 것도, 오염 방지 시설을 설립하는 것도 결국 소득 수준을 높여야만 가능하다. 인도의 인디라 간디는, "빈곤이 최대의 오염이다."라고 했다. 깨끗하고 쾌적한 환경은 공짜로 주어지는 것이 아니다. 때문에 환경 이슈에 대해서는 명확한 진단이 필요하다.

01 이 글을 이해한 내용으로 적절하지 않은 것은?

① 롬보르에 따르면 석유를 포함한 천연 자원은 무한하다.
② 부유한 국가는 그렇지 않은 국가에 비해 안전에 대한 기준이 높다.
③ 환경 오염 측정 기술 발달은 환경 오염이 심각하다고 느끼는 데 영향을 미칠 수 있다.
④ 롬보르에 따르면, 통계 자료들을 바탕으로 할 때 환경이 악화된 것은 사실이 아니다.

02 이 글에 대해 적절히 평가한 사람만을 〈보기〉에서 모두 고르면?

<보기>
갑: 과거에 비해 과학 기술을 통해 자동차의 평균 연비가 60% 이상 개선되었다는 사례는, 롬보르의 논지를 강화한다.
을: 환경 오염 정도와 인간의 수명은 관계가 없다는 견해는 환경주의자들의 논지를 약화하지만, 롬보르의 논지를 강화한다.
병: 부유한 국가일수록 환경의 질이 높고, 빈곤한 국가는 대체로 환경 수준이 좋지 못하다는 사실은 이 글의 논지를 강화한다.

① 갑, 을
② 갑, 병
③ 을, 병
④ 갑, 을, 병

03 문맥상 ㉠~㉣ 중 어색한 곳을 찾아 바르게 수정한 것은?

① ㉠: 소득이 일정 수준보다 낮아지면
② ㉡: 경제 성장 초기에는 환경이 좋아지지만
③ ㉢: 일정 수준이 지나면 다시 악화된다
④ ㉣: 긍정적인 것보다 부정적인 것에 더 민감하게 반응하는 경향

04 Ⓐ의 내용이 참일 때, 추론 내용으로 가장 적절한 것은?

① 소득 수준을 높이면 오염 방지 시설을 설립할 수 있다.
② 소득 수준을 높이는 것은 환경의 질을 높이기 위한 필요조건이다.
③ 에너지원이 교체되었다는 것은 오염 방지 시설이 설립되었음을 의미한다.
④ 환경의 질을 높일 수 없다면 에너지원을 교체할 수도 없고 오염 방지 시설도 설립할 수 없다.

이 글을 한 문단으로 요약하시오.

문제 포인트

♦ 'p이면 q이다.'에서 p는 q이기 위한 충분조건이고, q는 p이기 위한 필요조건이다.

충분조건	전건 p가 존재한다면 후건 q가 필연적으로 존재한다.
필요조건	후건 q가 존재하지 않는다면 필연적으로 전건 p도 존재하지 않는다.

요약문

서구 지식인들은 인구 증가, 자원 고갈을 근거로 21세기 지구 환경이 악화될 것이라고 주장했다. 그러나 롬보르는 통계 자료들을 이용하여 환경 악화와 자원 고갈 문제가 오히려 개선되고 있음을 증명하였다. 환경에 대한 수요는 경제학적으로 사치재에 속하므로 소득이 일정 수준 이상으로 높아지면 환경에 대한 관심이 증가하여 환경은 개선된다. 그러나 많은 사람들은 경제가 성장할수록 환경이 악화된다고 믿는다. 환경에 대한 걱정도 실제 상황보다 더 크게 나타날 수 있으므로 환경 이슈에 대해서는 명확한 진단이 필요하다.

독해야 산다 1일 1독 — NO. 11

소요 시간   분   초
맞힌 갯수   /4

독해 포인트
◆ '예방 백신'과 '치료 백신'의 개념과 특성을 구분하며 읽어 보자.
◆ 과학 지문은 정보가 조밀하게 나오는 것이 특징이다. 꼼꼼히 읽는 습관을 길러 보자.

    과거에는 인류의 평균 수명이 현재보다 짧았다. 산업 혁명 시기만 하더라도 전염병으로 사망하는 사람들이 많았지만 ㉠<u>백신이 등장하면서 수명이 급격히 늘었던 것이다</u>. 그렇다면 예방 백신은 어떻게 바이러스와 같은 병원균을 처리하는 걸까? 우리 인체는 폐쇄적인 사회에 가깝다. ⓐ<u>이것</u>을 유지하는 방어 체계가 면역계이다. 면역계는 제 식구는 감싸지만, 외부에서 들어오는 항원은 공격하여 무력화시킨다. 이런 이방인을 방치하면 우리 몸의 정교한 시스템이 붕괴되기 때문이다. 즉 면역계의 핵심은 '나'와 '남'을 구별하여 '남'을 만나면 없애거나 '남'의 인상착의를 기억해 두었다가 훗날 다시 만나면 없앨 수 있도록 대비하는 것이다. 그런데 처음 만난 자가 너무 강하면 방어할 시간이 없어 한 방의 공격에 무너질 수도 있다. 이를 방지하기 위해서는 인위적으로 약한 이방인을 몸에 주입해 몸의 방어 능력을 높이는 것이 필요하다. 이것이 예방 백신이다.
    하지만 외부의 이방인이 아니라 몸속 구성원에 문제가 생기면, 면역계는 ⓑ<u>이것</u>을 바이러스로 인식하지 못하기 때문에 속수무책¹이 된다. 실례로 알츠하이머병은 ㉡<u>몸속 구성원인 '아밀로이드-β'라는 단백질이</u> 뇌혈관에 쌓여 생기는 병인데, 면역계가 뇌혈관에 쌓여 문제를 일으키는 '아밀로이드-β' 단백질을 인식하지 못해 병이 생기는 것이다. 이 병의 원인인 ⓒ<u>이것</u>은 외부 바이러스가 고유 단백질을 만들도록 디자인해 백신으로 맞음으로써 해결할 수 있다. 이때 앞서 말했듯이 면역계는 몸속 고유 단백질에는 반응하지 않기 때문에 위험한 상황이 발생할 수 있음을 알려 주는 면역 보조 물질이 필요하다. ⓓ<u>이것</u>을 포함시켜 만든 백신 주사를 맞으면 면역계는 바이러스가 침입한다고 생각해 항체를 만들게 된다. 면역 보조 물질이 없다면 인체는 고유 단백질을 포함한 바이러스를 그냥 고유 단백질로 인식해 항체를 만들지 않는다. 위험 신호를 준 뒤 항체를 만들면, 이 항체는 '말썽'을 일으키는 몸속 고유 단백질을 찾아가 힘을 빼놓거나 제거한다. 이것이 치료 백신이다. 기존의 예방 백신이 '적과의 싸움'이라면, 치료 백신은 질병을 일으키는 ㉢<u>이방인을 공격할 항체를 만드는</u> '자신과의 싸움'인 셈이다.
    아직은 임상 시험 단계지만 치료 백신으로 암을 치료할 날도 멀지 않았다. 암세포는 증식 속도가 빠른 것이 특징이다. 정상 세포 중에도 증식 속도가 빠른 것이 있는데 기존의 항암제는 이를 모두 암세포로 오인하여 공격하기 때문에 문제가 발생한다. 항암 치료를 받으면 머리카락이 빠지고 피부색이 변하는 것도 바로 이 때문이다. 하지만 치료 백신은 몸이 ⓔ<u>항체를 만들어 면역계를 견고히 다지도록</u> 유도한 다음, 이것으로 하여금 암세포를 공격하게 한다. 특정 암세포만 골라서 공격할 수 있으므로 부작용도 당연히 적다.
    하지만 치료 백신에 대한 우려도 존재한다. 우선 ㉮<u>치료 백신의 효과가 환자마다 크게 달라질 수 있다는</u> 견해가 있다. 치료 백신은 환자의 면역 상태, 유전자 특성, 질병의 진행 정도에 따라 효과가 매우 다르게 나타날 수 있으며, 이로 인해 일정한 치료 효과를 기대하기 어려울 수 있다. 또 ㉯<u>치료 백신이 만든 면역 반응이 오래 지속되지 않을 수 있다는</u> 견해가 있다. 백신이 병을 일으키는 단백질

---

¹ **속수무책**(束手無策)
손을 묶은 것처럼 어찌할 도리가 없어 꼼짝 못 함.

이나 세포를 잘 공격하더라도, 시간이 지나면 면역계가 그 정보를 잊어버릴 수 있기 때문이다. 이렇게 되면 백신 효과가 오래 가지 못하고, 병이 다시 생길 위험도 커질 수 있다. 그래서 치료 백신이 오랫동안 강한 면역 반응을 유지할 수 있도록 만드는 연구가 여전히 필요하다.

01 이 글에 대한 이해로 적절하지 않은 것은?

① 치료 백신은 증식 속도가 빠른 모든 세포를 공격하도록 만들어진다.
② 기존의 항암제와 달리 치료 백신은 문제가 되는 암세포만 선택적으로 제거하도록 유도한다.
③ 예방 백신을 맞으면 면역계가, 치료 백신을 맞으면 항체가 문제되는 대상을 공격한다.
④ 예방 백신에는 바이러스가 포함되어 있다.

02 이 글의 ㉠~㉣ 중 어색한 부분을 찾아 가장 적절하게 수정한 것은?

① ㉠은 '백신이 등장하면서 수명이 급격히 줄었던 것이다'로 수정한다.
② ㉡은 '이방인인 '아밀로이드-β'라는 단백질이'로 수정한다.
③ ㉢은 '몸속 구성원을 공격할 항체를 만드는'으로 수정한다.
④ ㉣은 '항원을 만들어 면역계를 견고히 다지도록'으로 수정한다.

03 ㉮와 ㉯에 대한 평가로 가장 적절한 것은?

① 암 환자가 일반인보다 치료 백신에 대한 항체 반응이 낮았다는 보고서를 추가하면, ㉮는 약화된다.
② 형제가 동일한 치료 백신을 맞은 후에 그 효과가 다르게 나타난 사례를 추가하면, ㉮는 강화된다.
③ 치료 백신을 맞아도 몸속 고유 단백질은 면역계의 강한 면역 기억을 유도하기 어렵다면, ㉯는 약화된다.
④ 치료 백신에 비해 예방 백신의 면역 반응이 더 오래 지속된다는 사실을 추가하면, ㉯는 강화된다.

04 ⓐ~ⓓ의 문맥적 의미로 적절하지 않은 것은?

① ⓐ: 폐쇄적인 인체
② ⓑ: 문제가 발생한 몸속 구성원
③ ⓒ: 아밀로이드-β 단백질
④ ⓓ: 면역 보조 물질

이 글을 한 문단으로 요약하시오.

문제 포인트

♦ 다양한 개념의 특성이 혼용되어 만들어지는 선택지가 많다. 따라서 각 개념의 특성을 잘 정리하는 것이 핵심이다!

치료 백신	기존의 항암제	예방 백신	치료 백신
암세포만 공격	암세포+정상 세포 공격	면역계가 이방인 공격	항체가 몸속 구성원 공격

요약문

예방 백신은 인위적으로 약한 이방인을 몸에 주입함으로써 면역계의 방어 능력을 높여 바이러스와 같은 병원균을 처리한다. 하지만 알츠하이머병과 같이 몸속 구성원에 문제가 생기면 면역계는 이에 대응하지 못한다. 그리하여 항체를 통해 문제를 일으키는 몸속 구성원을 공격하는 치료 백신이 만들어진다. 치료 백신은 기존의 항암제와 달리 특정 암세포만 공격하므로 부작용이 적다. 하지만 치료 백신의 효과가 환자마다 다르다는 점, 치료 백신의 면역 반응이 오래 지속되지 않을 수 있다는 점 등을 지적하는 견해도 존재한다.

1일 1독 NO. 12

독해 포인트
- '저속 노화', '웰빙', '안티에이징'의 특징을 비교·대조해 보자.
- 각 문단은 '저속 노화의 특징 – 저속 노화 유행의 원인 – 저속 노화의 방법 – 저속 노화의 의의와 한계'로 정리할 수 있다.

　최근 건강 관리 화두는 단연 '저속 노화'다. 이는 노화를 늦추는 데 방점을 찍은 건강 트렌드다. 노화를 막지 못한다는 사실을 인정하되, 최대한 천천히 건강하게 나이를 먹고자 하는 움직임이다. 저속 노화 개념은 과거 건강 패러다임이었던 '웰빙(Well-being)', '안티에이징(Anti-aging)'과의 비교를 통해 쉽게 이해할 수 있다. 웰빙은 다소 추상적인 느낌이 강했다. 영어 단어 뜻 그대로 '잘 살자'였다. 별다른 목적의식이 있다기보다는, 건강에 좋은 음식과 기능 식품을 단기적으로 찾는 정도였다. 안티에이징은 '항노화'에 주안을 뒀다. 노화를 인정하기보다는 극복해야 하는 대상으로 본 것이다. 특히 외모 관리에 초점이 맞춰졌다. 그러면서 원푸드 다이어트 등 다소 극단적인 식단이 인기를 끌었고 보톡스·필러 같은 에스테틱 시술에 대한 관심이 급증했다. 반면 저속 노화는 영어로 '슬로에이징(Slow-aging)'이다. 단기 건강보다는 장기적으로 '건강 수명'을 늘리자는 점에서, 또 외모 관리를 위한 일회성 다이어트나 시술보다는 생활 습관 개선을 추구한다는 점에서 웰빙·안티에이징과 다르다. 관심을 갖는 연령대에서도 차이가 나타난다.

　과거 건강 관리와 노화 방지는 주로 60대 이후 고령층 이야기로 여겨졌다. 하지만 저속 노화는 유독 2030 젊은 세대가 열광한다. 노화를 늦출 때 얻을 수 있는 절대적인 효용이, 고령층보다 청년층에서 더 크기 때문이다. 미리미리 노화를 늦춰 놔야 앞으로 건강하게 활동할 시간이 훨씬 길어진다는 점에서다. 젊은 세대의 건강에 대한 높은 관심은 여러 조사에서도 확인할 수 있다. 젊은 세대 사이에서 '조기 노화'를 자각한 영향도 크다. 요즘 2030 젊은 세대는 5060인 부모 세대보다 10년에서 15년 앞서 성인병과 만성 피로, 호르몬 불균형 같은 문제를 겪는다. 수면 부족, 열량이 높은 가공식품 식사, 과도한 스트레스, 디지털 기기 노출 등으로 '가속 노화'가 진행된 탓이다.

　저속 노화는 사실 딱 정해진 방법은 없다. 다만 의사 등 여러 전문가가 방송이나 저서를 통해 추천한 생활 습관 개선 방법이 인터넷 커뮤니티 사이에서 활발히 공유되는 중이다. 그중 전문가가 추천하는 식사 순서나 방식에 관심이 쏠린다. 음식을 먹을 땐 '채소(식이 섬유) → 단백질 → 탄수화물' 순으로 섭취해야 혈당 급등을 막을 수 있다는 것이다. '간헐적 단식'도 저속 노화 트렌드 중 하나다. 아침 혹은 저녁 중 한 끼를 먹지 않고 하루 16시간 공복을 지키는 '16:8' 방식이 대표적이다. 이 밖에도 충분한 수면 취하기, 스마트폰 사용 시간 줄이기 등도 저속 노화 방법으로 제시되고 있다.

　젊은 세대가 저속 노화에 관심을 두는 최근 분위기를 놓고 ㉮전문가들은 긍정적인 평가를 내놓는다. ㉠이들은 젊은 세대가 건강 유지와 체력 보존 등에 신경을 쓰는 현상이 개인뿐 아니라 국가 차원에서도 생산성을 높일 수 있다고 강조한다. 즉 이러한 ㉡이들의 관심이 경제 활동 기간, 생산과 소비 등을 더 늘릴 수 있다는 것이다. 또한 ㉢이들은 젊은 세대의 이러한 움직임으로 인해 노년기 질병이 줄면서 건강 보험 건전성 확보에도 도움이 될 수 있다고 주장한다. 다만 저속 노화를 통한 수명 연장은 어렵다는 게 전문가들의 중론이다. ㉣이들은 저속 노화 붐이 한창이지만 급격한 건강 수명 연장은 의학적으로 매우 어려울 것이라며 현대 사회 수명 연장은 위생 수준 향상에 의한 감염성 질환의 감소가 더 큰 영향을 미친다고 설명했다.

01 이 글에 대한 이해로 가장 적절한 것은?
① 탄수화물 섭취를 금지하는 것은 저속 노화 방법 중 하나이다.
② 저속 노화와 안티에이징은 모두 노화를 극복의 대상으로 여긴다.
③ 웰빙과 달리 저속 노화는 장기적 건강 관리를 목적으로 하는 건강 패러다임이다.
④ 과거에서부터 최근에 이르기까지 건강 패러다임은 모두 젊은 세대가 주도했다.

02 이 글을 뒷받침하는 내용으로 적절하지 않은 것은?
① 과거에 비해 현재 청년층은 수면 시간의 부족과 불규칙한 생활 패턴으로 신체 리듬이 전반적으로 악화되고 있다.
② 국민 건강 보험 공단의 분석 결과, 과거에는 중장년층 질환으로 여겨졌던 성인병이 20~30대에서 뚜렷하게 나타나고 있다.
③ 최근 전국 성인 남녀를 대상으로 건강 관리 노력 수준을 조사한 결과, 2030 세대가 건강 관리에 가장 높은 시간과 금액을 투자하는 것으로 밝혀졌다.
④ 과거 안티에이징 중심의 트렌드가 유행하던 시기보다 저속 노화가 주목받는 요즘에 젊은 세대를 중심으로 에스테틱 시술 수요가 더 빠르게 증가하고 있다.

03 ㉮의 주장에 대한 평가로 가장 적절한 것은?
① 저속 노화가 체력 상승 및 유지와 무관하다고 입증된다면, ㉮의 주장은 강화된다.
② 저속 노화에 관심을 둔 이들이 그렇지 않은 이들보다 수명이 더 길다는 것이 밝혀진다면, ㉮의 주장은 강화된다.
③ 경제 활동 기간이 건강이나 체력이 아닌 사회적 구조나 학력 등 다른 요인에 따라 달라진다면, ㉮의 주장은 약화된다.
④ 저속 노화에 관심을 둔 이들이 그렇지 않은 이들보다 실제로 질병에 덜 걸린다는 근거가 확인된다면, ㉮의 주장은 약화된다.

04 문맥상 ㉠~㉣ 중 지시 대상이 다른 하나는?

① ㉠
② ㉡
③ ㉢
④ ㉣

이 글을 한 문단으로 요약하시오.

문제 포인트

♦ 대조적 개념은 반드시 문제로 출제된다. 특히 선택지를 만들 때 혼용(섞어 쓰기)의 방식이 많이 사용된다.

저속 노화	노화 인정, 장기, 시술 < 생활 습관	젊은층
웰빙	단기	고령층
안티에이징	노화 인정 ×, 시술	

요약문

최근 건강 관리의 화두인 '저속 노화'는 노화를 인정하면서 건강 수명을 늘리고 생활 습관 개선을 추구한다는 점에서 과거의 건강 패러다임이었던 웰빙, 안티에이징과 다르다. 또한 저속 노화는 유독 2030 젊은 세대가 열광한다는 점이 특징이다. 이는 젊은 세대의 건강에 대한 높은 관심과, 가속 노화의 진행 때문에 나타난 것이다. 저속 노화 방법으로는 정확히 정해진 것이 없지만, 다양한 저속 노화 방법이 인터넷 커뮤니티 사이에서 공유되고 있다. 이러한 젊은 세대의 가속 노화에 대한 관심을 두고 전문가들은 긍정적인 평가를 내리고 있지만, 저속 노화로 인해 현대 사회의 수명이 연장되기는 어렵다고 주장하고 있다.

독해야 산다 1일 1독   NO. 13

독해 포인트
- 문학적 내용이 독해 지문으로 출제될 수도 있다. 일반적인 지문 분석 방법을 그대로 적용하여 글을 읽어 보자.
- 이 글은 크게 '은유가 성립하기 위한 조건'과 '호메로스 은유와 의의'로 구분할 수 있다.

　은유는 '대상이 가진 본래의 관념으로는 전달할 수 없는 의미를 표현하기 위해 유사한 특성의 다른 사물이 가진 관념을 써서 표현하는 비유법'이다. 은유의 본질은 원관념과 보조 관념 사이의 유사성이다. 셰익스피어는 시간을 "민첩하고 교활한 파발마"라고 했는데, 파발마는 소식을 전달하는 사람이 타는 말이다. 즉 셰익스피어는 '시간'이라는 원관념과 '파발마'라는 보조 관념이 함께 갖고 있는 '빠르다'라는 유사성을 통해 원관념의 본질을 드러낸 것이다. 하지만 은유는 유사성만으로 충족되지 않는다. 은유는 보조 관념에 원관념이 갖고 있지 않은 비유사성, 곧 어떤 '낯선' 것이 필히 들어 있어야 한다. 그래야 은유의 역할인 '의미의 변환이나 확장'이 이루어진다. 셰익스피어의 은유에서도 '파발마'에는 시간과는 전혀 낯선 '소식을 전한다'라는 비유사성이 함께 들어 있다. 이것 때문에 '시간이 민첩하고 교활하게 소문을 퍼뜨린다'라는 새로운 의미를 창조해 낸다. 정리하자면, 은유는 ㉮ 과 ㉯ 사이의 ㉰ 을 통해 후자의 본질을 드러내고, ㉱ 을 통해 의미의 변환 내지 확장을 창조해 낸다.

　은유는 고대 그리스 시인인 호메로스도 사용했다. 고대 그리스인들은 은유를 우리처럼 직유, 환유, 의인 등과 구분하지 않고 이들을 모두 포괄하는 개념으로 이해했다. 고전 문헌학자인 브루노 스넬에 의하면, 고대 그리스어의 은유적 표현에는 '동사적 은유'와 '형용사적 은유'가 있다. ㉠전자는 '그렇게 표현할 수밖에 없는' 사회·문화적 은유에, ㉡후자는 '어떤 표현을 더 돋보이게' 하려고 문학에서 사용하는 수사적 은유에 대응한다. 스넬에 의하면 초기 그리스어에서는 형용사적 은유가 매우 빈약했지만 호메로스와 같은 서사 시인들이 활동한 기원전 8세기 이후에 이르러 '상아보다 흰', '풀보다 파랗고', '달처럼 빛난다'와 같은 ㉢은유가 비로소 확산되었다.

　그렇지만 스넬은 고대의 은유, 특히 호메로스 은유의 본질이 동사적 은유라는 점을 분명히 했다. 사고와 언어가 아직 발달하지 않은 고대 그리스어에서는 생명이 없는 대상의 움직임을 표현하기가 쉽지 않았다. 그래서 고대인들은 그것들을 '필연적으로' 사람(또는 동물)의 행동에 견주어서(오늘날의 의인화) 은유적으로 표현할 수밖에 없었다. 가령 '물이 살아난다', '불이 죽는다'와 같은 ㉣은유가 그렇다. 또한 그에 따르면, 동사적 은유는 인간의 정신적 현상을 표현하는 데에도 필수불가결했다. 가령 영혼을 '퓌지케(숨을 쉬다)'로, 정신을 '누스(본다)'로 표현한 것이다. 원초적 은유, 즉 스넬이 '동사적 은유'라고 이름 붙인 호메로스의 은유는 그 자체로는 전달할 수 없는 대상이나 현상을 표현하기 위해 '어쩔 수 없이' 인간이 가진 유사한 특성을 표현하는 관념들을 대신 사용하여 전달하는 방법으로 개발되었다. 이 '어쩔 수 없음'을 스넬은 '필연성'이라고 표현하였다. 어떤 표현을 더 돋보이게 하려고 문학에서 사용하는 ㉤은유는 필연성이 없다.

　호메로스 은유의 본질인 동사적 은유에서 중요한 것은 원관념과 보조 관념 사이의 외형적 유사성이 아닌 본질적 유사성이다. 호메로스의 '아킬레우스는 사자다'라는 ㉥은유는 아킬레우스의 외모가 사자와 같다는 뜻이 아니라 용맹, 위엄과 같은 영웅의 본질이 사자와 비슷하거나 같다는 것을 표현하고 있을 뿐이다. 호메로스는 오직 대상의 본질, 곧 보편성을 파악하려고 했다. 보편성이란 시간과 공간을 초월해 모든 것에 두루 통한다는 뜻이다. 이 말은 보편성을 파악하는 호메로스의 은유가 훗날 자연과학과 논리학과 같은 학문에서 핵심적 역할을 했다는 뜻이다.

01 이 글의 내용과 일치하지 않는 것은?

① 스넬에 따르면, 동사적 은유는 필연성이 있지만 형용사적 은유는 필연성이 없다.
② 호메로스는 동사적 은유와 형용사적 은유를 사용하여 대상의 본질을 파악하고자 했다.
③ 고대 그리스인들이 사용하던 은유의 범위와 현대인이 사용하는 은유의 범위 중 더 넓은 것은 전자이다.
④ '시간은 민첩하고 교활한 파발마'는 원관념과 보조 관념의 유사성과 비유사성이 모두 포함된 은유적 표현이다.

02 이 글에서 추론한 내용으로 적절한 것만을 〈보기〉에서 모두 고르면?

〈보기〉
ㄱ. 원관념이 가지고 있지 않은 '낯선 것'을 보조 관념이 가지고 있기만 하면 은유는 성립한다.
ㄴ. 원관념과 보조 관념 간 유사성이 있으면 은유가 충족되지만, 은유가 항상 원관념과 보조 관념 간 유사성이 있는 것은 아니다.
ㄷ. "트로이의 영웅인 헥토르는 태양처럼 빛난다."는 형용사적 은유이지만, "태양은 숨 쉰다."는 동사적 은유에 해당한다.

① ㄴ
② ㄷ
③ ㄱ, ㄴ
④ ㄴ, ㄷ

03 ㉠~㉥ 중 문맥적 의미가 동일한 것끼리 바르게 짝 지은 것은?

① ㉠, ㉢, ㉣
② ㉠, ㉣, ㉤
③ ㉡, ㉢, ㉤
④ ㉡, ㉤, ㉥

04 ㉮~㉱에 들어갈 말로 가장 적절한 것은?

	㉮	㉯	㉰	㉱
①	보조 관념	원관념	유사성	비유사성
②	보조 관념	원관념	비유사성	유사성
③	원관념	보조 관념	유사성	비유사성
④	원관념	보조 관념	비유사성	유사성

이 글을 한 문단으로 요약하시오.

문제 포인트

♦ 생략된 단어는 앞에 나온 내용의 요약을 통해 찾아낼 수 있다.

은유	원관념과 보조 관념의 유사성 → 원관념의 본질
	원관념과 보조 관념의 비유사성 → 원관념의 의미 변환·확장

요약문

은유의 본질은 원관념과 보조 관념 사이의 유사성이지만, 이것만으로 은유는 성립하지 않는다. 보조 관념에 원관념이 가지고 있지 않은 비유사성도 필히 있어야 은유가 성립한다. 은유는 고대 그리스 시인인 호메로스도 사용했는데, 스넬에 의하면 고대 그리스에는 '동사적 은유'와 '형용사적 은유'가 있었다. 스넬은 호메로스 은유의 본질이 동사적 은유라고 보았는데, 동사적 은유는 생명이 없는 대상의 움직임을 표현하기 위해 필연적으로 사람 또는 동물의 행동에 견주어 표현한 것이다. 이 은유는 원관념과 보조 관념 사이의 본질적 유사성을 표현했는데, 이는 호메로스가 오직 대상의 본질을 파악하려고 했기 때문이다.

독해야 산다 1일 1독

NO. 14

독해 포인트
- '마약 공급 억제 정책'과 '마약 수요 억제 정책'을 대비해서 살펴보자.
- 인과 관계, 선후 관계에 주의하여 읽는다.

비록 불법이지만, 마약은 시장에서 거래되는 재화의 한 종류이다. 즉 마약도 수요와 공급이 상호 작용하는 시장의 원리를 따른다. 따라서 마약 퇴치 정책 역시 수요와 공급 양쪽으로 나눠 볼 수 있다. 마약 공급을 잡는 것과 수요를 억제하는 것 중 더 효과적인 해결책은 무엇일까.

마약 공급 억제 정책은 마약 단속 인원을 늘리고, 마약 사범의 처벌을 강화하는 것이다. 그렇게 되면 마약 판매에 수반되는 비용과 위험 부담이 커져 마약 공급이 감소한다. 수요에 비해 공급이 줄어들었으므로 마약의 균형 가격은 상승하고, 균형 거래량은 감소한다. 즉 마약 소비가 줄어든다. 하지만 이것만 가지고 마약 공급 억제 정책이 성공했다고 하기는 어렵다. 그 이유는 ㉠ 때문이다. 일반적으로 상품의 수요는 가격이 오를 때 줄어들고 가격이 내릴 때 늘어난다. 가격 탄력성은 가격 변화에 수요가 얼마나 변하는지를 나타내는 비율로, 수요 변화가 크면 탄력적, 작으면 비탄력적이라고 한다. 마약은 중독성이 강하므로 마약이 비싸졌다고 해서 중독자가 마약을 끊을 가능성은 크지 않다. 따라서 마약 공급이 줄어들면 마약 가격은 크게 오르지만, 거래량은 소폭 감소한다. 즉 마약 공급 억제 정책에 따른 ㉡ 그 결과 공급업자의 수입은 오히려 증가한다. 게다가 마약 중독자들이 마약 구입에 필요한 돈을 마련하기 위해 절도, 강도 등 범죄를 저지를 위험도 커진다.

반면 마약 수요 억제 정책은 마약의 위험성을 알리는 교육을 강화하고 마약 중독자의 치료와 재활을 돕는 식으로 나타난다. 강력한 처벌도 수요를 억제하는 효과를 낼 수 있다. 공급에 비해 수요가 줄었으므로 마약의 균형 가격은 하락하고, 균형 거래량은 감소한다. 가격이 내리고, 소비도 줄었으니 마약 공급업자의 수입은 감소한다. 또한 수요자는 마약 구입 비용이 줄어든 만큼 돈을 마련할 목적으로 범죄를 저지를 유인이 적어진다.

하지만 마약 공급 억제 정책과 수요 억제 정책의 효과는 그 기간이 단기냐 장기냐에 따라 다르게 나타날 수 있다. 공급 억제 정책은 단기적으로는 마약 관련 범죄를 증가시킨다. 그러나 공급 억제 정책의 결과 마약 가격이 비싸지면 호기심에 마약을 구입하는 신규 수요가 감소해 장기적으로는 마약 수요가 줄어들 수 있다. 반대로 수요 억제 정책으로 마약 가격이 낮아지면 마약 시장의 신규 수요를 자극하는 부작용이 생길 가능성도 있다.

㉮ 일부 경제학자들은 마약 합법화를 주장한다. 마약 거래를 근절하지 못한다면 담배와 술처럼 합법화하고 세금을 부과하는 것이 사회적으로 이득이라는 논리이다. 그들은 마약 단속을 강화하자 공급자들과 수요자들은 새로운 마약을 찾아 나섰고, 또 다른 종류의 마약이 생겨났다고 하며, "마약 금지 정책이 중독성이 더 강한 마약을 탄생시켰다."라고 말한다. 미국 20여 개 주가 기호 식품으로 대마 사용을 허가한 것도 이런 논리에 바탕을 두고 있다. 하지만 실제 결과는 이들의 생각과 다르게 나타나고 있다. 대마를 합법화한 여러 주에서 마약 중독자와 관련 범죄가 증가했다. 공급 억제 정책도, 수요 억제 정책도, 합법화도 마약을 근절하는 데는 한계가 있는 것이다. 마약의 중독성과 폐해는 경제 원리를 압도한다.

01 이 글에서 추론한 내용으로 적절하지 않은 것은?

① 마약 공급 억제 정책과 마찬가지로 마약 수요 억제 정책을 시행하면 균형 거래량이 감소한다.
② 마약 수요 억제 정책과 달리 마약 공급 억제 정책은 마약 공급자의 이득 증가로 이어진다는 부작용이 있다.
③ 마약 사건 관련자에 대한 처벌을 강화하는 것은 마약 공급 억제 정책과 마약 수요 억제 정책에 모두 유효하다.
④ 마약 가격을 통해 장기적으로 신규 마약 구매자를 줄이는 것이 목적이라면 마약 공급 억제 정책보다 마약 수요 억제 정책을 시행하는 것이 낫다.

02 이 글을 바탕으로 하여 〈보기〉를 이해한 내용으로 적절하지 않은 것은?

> 〈보기〉
> 1917년 미국 영토 내에서 알코올 음료를 양조·판매·운반·수출입하지 못하게 하는 미국 헌법 수정 제18조가 연방 의회를 통과, 각 주의 승인을 얻어 1920년 1월에 금주법이 발효되었다. 그러나 술 제조를 금지하자 웃돈을 얹어 거래하는 밀주 시장이 커지고, 술 수요는 별로 줄어들지 않았다. 심지어 비싼 돈을 주고 밀주를 살 수 없는 사람들은 공업용 알코올 등으로 술을 만들어 마시다가 목숨을 잃었다. 결국 미시시피주(州)의 금주법 철폐를 마지막으로 미국의 모든 주에서 금주법이 폐지되었다.

① 〈보기〉의 '밀주 시장이 커'졌다는 것은 술 공급업자의 수입이 증가했음을 의미한다.
② 〈보기〉의 '미국 헌법 수정 제18조'는 재화의 공급을 억제하는 정책으로 이해할 수 있다.
③ 〈보기〉의 '금주법이 폐지'된 상황으로 인해 재화 공급이 감소되어 재화의 균형 가격이 상승한다.
④ 〈보기〉에서 '술 수요는 별로 줄어들지 않'은 데에는 술의 강한 중독성이 영향을 미쳤을 것이다.

03 ㉮의 견해에 대한 적절한 평가를 〈보기〉에서 모두 고르면?

> 〈보기〉
> 갑: 마약의 불법화는 복용자들이 음지에서 질이 떨어지는 마약을 복용하는 데 결정적 역할을 한다는 사실이 추가된다면, ㉮의 견해는 약화된다.
> 을: 마약 합법화 이후 건강 악화, 중독 치료 등으로 증가한 공공 의료비가 마약 합법화로 정부가 거두는 세금보다 많다면, ㉮의 견해는 강화된다.
> 병: 미국 정부가 마약과의 전쟁을 선포한 이후에 상대적으로 저렴하면서도 자극은 더 강한 신종 마약이 급증하고 있다는 사실이 추가된다면, ㉮의 견해는 강화된다.

① 갑 ② 병
③ 갑, 을 ④ 을, 병

04 ㉠과 ㉡에 들어갈 내용으로 가장 적절한 것은?

① ㉠: 마약 수요가 가격에 대해 탄력적이기
㉡: 소비 감소 효과보다 가격 상승 효과가 더 크므로

② ㉠: 마약 수요가 가격에 대해 탄력적이기
㉡: 가격 상승 효과보다 소비 감소 효과가 더 크므로

③ ㉠: 마약 수요가 가격에 대해 비탄력적이기
㉡: 소비 감소 효과보다 가격 상승 효과가 더 크므로

④ ㉠: 마약 수요가 가격에 대해 비탄력적이기
㉡: 가격 상승 효과보다 소비 감소 효과가 더 크므로

이 글을 한 문단으로 요약하시오.

 문제 포인트

♦ 강화·약화 문제를 풀려면 주장과 근거를 파악해야 한다.

- 주장과 근거에 부합하거나 이를 뒷받침하면 → 강화
- 주장과 근거를 반박하면 → 약화

Ⓐ 일부 경제학자들	주장	마약 합법화
	근거	세금 부과하면 사회적으로 이득
		마약 단속으로 새로운 마약 탄생

요약문

마약 퇴치 정책은 마약 공급 억제 정책과 마약 수요 억제 정책으로 나눠 볼 수 있다. 우선 마약 공급 억제 정책이 시행되면, 마약 공급이 감소하여 마약의 균형 가격은 상승하고 균형 거래량은 감소한다. 하지만 마약의 중독성으로 인해 마약 수요는 크게 줄어들지 않아서 마약 공급업자의 수입이 증가할 수 있다. 또한 상승한 마약 가격으로 인해 마약 중독자들이 범죄를 저지를 위험도 커진다. 반면 마약 수요 억제 정책이 시행되면, 수요 억제로 인해 마약의 균형 가격이 하락하고 균형 거래량이 감소한다. 이로 인해 마약 공급자의 수입과 마약 중독자들의 범죄 발생 가능성도 줄어든다. 하지만 마약 공급 억제 정책과 수요 억제 정책의 효과는 기간에 따라 달라질 수 있다. 일부 경제학자들은 마약의 합법화를 주장하지만, 이 또한 마약 중독자와 관련한 범죄가 증가하면서 부작용이 나타나고 있다.

독해 포인트

◆ 예술의 본질에 관한 다양한 예술관의 특징과 흐름을 정리해 보자.
◆ '칸딘스키'와 '몬드리안'의 예술관을 비교·대조해 보자.

　예술의 본질이 무엇인가는 시대에 따라 끊임없이 변화하고 있다. ㉠모방론에 의하면 예술은 자연의 모방이며, ㉡감정주의에 따르면 예술은 인간 내면의 감정 표현이다. 또한 ㉢유미주의에 따르면 예술이란 미적인 것 외에 여하한 가치를 위해 진력해서는 안 되며, 현대의 ㉣다원주의적 예술관에 따르면, 어떤 예술 개념 정의도 거부되며 모든 사람이 예술가이고, 모든 것이 예술 작품이다.

　모방론은 미술사에서 고전주의에서 사실주의에 이르기까지 존중되었고 인상주의로부터 회화는 차츰 자연의 모방이라는 임무에서 해방되기 시작하여 추상 미술에 이르러 자연의 외관으로부터의 완전한 해방에 도달했다. 이제 회화는 자연의 모방과 묘사가 아니라 주관의 내면세계와 감정의 표현을 지향하게 된다. 회화는 자연에서 해방되어 인간 자신을 위한 것이 되며 인간 내면의 표현을 위한 도구가 된다. 이러한 여정에는 사진기의 발명과 사진 기술의 발달이 결정적인 배경이 되었다. 사진이 자연을 재현해 주므로 굳이 회화가 자연을 그대로 묘사할 필요가 없어진 것이다.

　칸딘스키와 몬드리안은 모두 추상화가로서 과거의 모방론에서 탈출했다. 그들은 예술을 통해 가변적인 물질이 아니라 본질적이고 불변적인 법칙을 표현하고자 했다. 인류 최초로 의도적인 추상화를 그린 칸딘스키의 작품에서 회화는 주관적 내면의 표현이 되었다. 칸딘스키의 회화는 감정주의와 잘 조화된다. 그에 의하면 예술가는 가슴속의 진동, 즉 감정을 외적 수단을 통해서 표현하는 자이다. 예술은 사물의 겉모습이 아니라 사물에 대한 내면적 느낌을 표현해야 한다. 이는 내적 필연성의 원칙이라고 일컬어지며, 내적 필연성이란 감정을 의미한다. 칸딘스키에 의하면 오로지 내적인 필연성이 중요할 뿐이며 내적인 필연성에서 우러나오는 것이라면 어떤 형태라도 사용 가능하며 어떤 표현 수단도 용납 가능하다고 본다. 그는 예술에서 형태의 단순하고 피상적인 아름다움을 추구하는 유미주의를 비판하며 예술 속에 정신이 들어가야 예술은 사물의 내적인 본질을 보여 주어 진리로 인도할 수 있다고 본다.

　반면에 몬드리안은 모방론과 감정주의, 유미주의 그 모든 것에서 벗어나 감성을 매혹시키지 않는 그림, 즉 명상적이고 초월적인 이성의 회화를 추구했다. 몬드리안의 회화는 자연의 모방도, 감정의 표현도 아니며 단순한 아름다움의 추구도 아니다. 몬드리안은 개별성에서 초월한 불변의 보편적인 자연 법칙을 표현하고자 했으며 주관적 감정에서 벗어난 이성적 회화를 만들고자 했다. 그리하여 엄격한 조형 원리를 통해서 세상의 무질서를 제거하고자 했다. 예술을 통해 인간을 보다 이성적으로 만들고 세상을 개혁하고자 하는 몬드리안의 예술관은 플라톤의 예술 철학과 합치된다. 플라톤은 예술이 감상자를 감각미에 빠뜨려 이데아를 망각하게 하며 이성을 상실하고 감정에 빠지게 하지 않을까 우려했으며 예술의 올바른 역할은 사람들의 이성을 일깨우는 것이라고 보았다. 몬드리안 역시 감정을 죽이고 이성을 살리는 예술을 추구했다. 그리하여 그는 곡선을 개인적이므로 배제하고 가장 객관적·이성적이라고 여겨지는 형태 요소인 직선을 추구하였다.

01 이 글에 대한 이해 및 추론으로 적절하지 않은 것은?

① 플라톤은 예술의 감각미를 부정적으로 평가하였다.
② 사진기의 발명은 회화가 추구하는 방향성이 변화하는 데 영향을 미쳤다.
③ 곡선의 형태가 드러난 것은 몬드리안 작품이 아니라 칸딘스키 작품일 것이다.
④ 인상주의가 나타나자 모방론과 감정주의가 사라지고 현대의 다원주의적 예술관이 나타났다.

02 이 글에 대한 이해로 적절한 것만을 〈보기〉에서 모두 고르면?

> **보기**
> ㉮ 칸딘스키는 예술의 본질에 대한 감정주의의 정의를 인정하는 반면 몬드리안은 인정하지 않을 것이다.
> ㉯ 아름다움을 예술의 본질로 보는 견해에 대해 칸딘스키는 동의하지 않을 것이지만, 몬드리안은 동의할 것이다.
> ㉰ 형태를 이용해 불변하는 법칙을 표현하는 예술관에 대해 칸딘스키와 몬드리안은 모두 긍정적 태도를 드러낼 것이다.

① ㉮, ㉯
② ㉮, ㉰
③ ㉯, ㉰
④ ㉮, ㉯, ㉰

03 이 글의 내용을 고려할 때, 〈보기〉에 대한 평가로 가장 적절한 것은?

> **보기**
> 막스 셸러에 따르면, 이성과 감정은 인간만이 가지는 인격과 정신의 두 측면이다. 그리고 감정은 이성과 인식 능력에서 동등하며 이성보다 앞서며 우월하기까지 한 것이다. 셸러에 따르면, 이성이 아니라 감정이 진리 인식의 근원이며 선한 행위의 근원이다.

① 〈보기〉는 칸딘스키와 몬드리안의 주장을 모두 약화한다.
② 〈보기〉는 칸딘스키와 몬드리안의 주장을 모두 강화한다.
③ 〈보기〉는 칸딘스키의 주장을 약화하고 몬드리안의 주장을 강화한다.
④ 〈보기〉는 칸딘스키의 주장을 강화하고 몬드리안의 주장을 약화한다.

04 ㉠~㉣을 뒷받침할 수 있는 내용이 아닌 것은?

① ㉠: 예술이란 새로운 현실을 창작하는 것이 아니라 가시적 현실을 최대한 똑같이 재현하는 것이다.
② ㉡: 최근 의식이 없는 인공 지능이 생성한 이미지들이 미적 가치가 뛰어난 예술 작품으로 인정받는 사례가 늘고 있다.
③ ㉢: 예술이 예술이기 위한 요건에는 오직 미(美)밖에는 없다.
④ ㉣: 돌무더기, 죽은 동물의 사체도 예술 작품이 되며, 심지어 물질적 대상이 지속하지 않는 퍼포먼스도 예술이다.

이 글을 한 문단으로 요약하시오.

문제 포인트

◆ 선후 관계를 뒤바꾸어 선택지로 만들기도 한다. 시간의 흐름에 따른 '모방론'의 입지에 집중하자.

고전주의	사실주의	인상주의	추상 미술
모방론 존중		점차 해방	완전 해방

요약문

예술의 본질에 대한 정의는 시대에 따라 모방론, 감정주의, 유미주의, 다원주의적 예술관 등으로 끊임없이 변화했다. 모방론에서는 예술의 본질을 자연의 모방이라고 보았으나, 이후 추상 미술에 이르러 완전히 해방되면서 회화는 주관의 내면세계와 감정의 표현을 지향하게 되었다. 추상화가인 칸딘스키와 몬드리안 역시 마찬가지였다. 칸딘스키는 예술가가 내적 필연성에 따라 주관적 내면을 표현해야 한다고 보았다. 이에 따라 내적인 필연성에서 우러나오는 모든 형태를 용납했다. 반면에 몬드리안은 감성을 벗어난 이성적인 회화를 추구했다. 이를 위해 몬드리안은 이성적 형태인 직선을 추구하였다.

독해야 산다 1일 1독　NO. 16

소요 시간　분　초
맞힌 갯수　/4

Q 독해 포인트
◆ 아이젱크가 분류한 성격 차원과 고대 점성술을 연결하여 이해해 보자.
◆ 아이젱크의 각 실험 간 차이점과 이를 통해 도출할 수 있는 결론에 주목하자.

　한스 아이젱크 교수가 수천 명의 사람들을 대상으로 성격을 분석한 결과 그들의 성격이 몇 안 되는 근본적인 차원들에서만 차이가 난다는 사실을 알아냈다. 즉 성격은 ㉠복잡하지 않은 양상으로 나타난다는 것이다.
　아이젱크가 분류한 첫 번째 성격 차원인 외향성과 내향성은 삶에 접근하는 에너지 수준을 나타낸다. 에너지 수준이 높은 '외향적인 사람'은 충동적이고, 낙관적이고, 사람들과 어울리는 것을 즐기고, 즉각적인 만족을 추구한다. 반면 에너지 수준이 낮은 '내향적인 사람'은 외향적인 사람보다 깊게 생각하고, 자기 통제가 뛰어나며, 말수가 적다. 그들의 사교 생활은 아주 친한 소수의 사람을 중심으로 이루어진다. 대부분의 사람들은 극단적인 외향성과 극단적인 내향성 사이 어딘가에 속한다. 두 번째 차원인 '정서 안정성'은 정서적인 안정감을 나타낸다. 여기서 높은 점수를 받은 사람은 걱정이 많고, 자존감이 낮다. 반면 여기서 낮은 점수를 받은 사람은 정서적으로 안정되어 실패에도 의연하고 느긋하며 이내 원기를 회복한다. 그래서 그들은 ㉡스트레스에도 강하다.
　한편 고대 점성술에 따르면, 12개의 별자리 가운데 6개는 외향성(양자리, 쌍둥이자리, 사자자리, 천칭자리, 사수자리, 물병자리)을 나타내고 나머지 6개는 내향성(황소자리, 게자리, 처녀자리, 전갈자리, 염소자리, 물고기자리)을 나타낸다고 한다. 또한 3개의 '땅' 자리(황소자리, 처녀자리, 염소자리)에서 태어난 사람들은 정서적으로 안정되어 있는 반면, 3개의 '물' 자리(게자리, 전갈자리, 물고기자리)에서 태어난 사람들은 훨씬 더 많은 걱정을 안고 산다고 한다. 전자의 사람들보다 후자의 사람들이 정서 안정성 면에서 ㉢점수가 낮은 것이다.
　사실 여부를 알아보기 위해 아이젱크는 제프 메이오라는 점성가의 고객과 '메이오 점성술 학교'의 학생들 중 2,000여 명을 대상으로 실험을 진행했다. 점성술에 회의적인 사람들은 성격과 별자리 간의 관련성을 드러내지 못하리라고 예상했지만, 점성술 옹호자들은 별자리가 개개인의 사고와 행동에 예측 가능한 영향을 미친다고 확신했다. 연구 결과, ㉣점성술 옹호자들의 예측과 일치했다. 외향성과 관련된 별자리를 타고난 사람들은 분명 다른 사람들보다 좀 더 외향적이었고, 물의 별자리를 타고난 사람들은 땅의 별자리를 타고난 사람들보다 훨씬 신경질적이었다.
　그러나 아이젱크는 자신의 연구에 참여한 사람들이 이미 점성술에 강한 믿음을 품고 있다는 사실을 깨닫고 결과에 의구심을 품게 되었다. 별자리보다는 심리학이 실험 결과를 좀 더 그럴듯하게 설명해 줄 것이라 여긴 것이다. 그는 이런 의문을 해결하기 위해 ⓐ추가 실험을 했다. 별자리에 대해 알고 있을 가능성이 거의 없는 1,000명의 아이들을 연구에 포함한 것이다. 이 연구 결과, ⓑ첫 번째 실험 결과와는 극적인 차이가 나타났다. 즉 외향성과 내향성 수준이 별자리와는 무관한 것으로 드러난 것이다. 실험의 신뢰도를 좀 더 높이기 위해 그는 어른들을 대상으로 ⓒ마지막 실험을 실시했다. 대신 이번에는 실험 참가자들이 점성술에 대해 얼마나 알고 있는지를 미리 측정했다. 별자리에 따른 성격 특성을 잘 알고 있던 사람들은 점성술이 예측하는 행동 양식에 순응했다.

반면 별자리에 대해 아무런 지식도 없다고 한 사람들은 전혀 양식화된 행동을 보여 주지 않았다. 세 번의 실험을 통해 알 수 있는 결론은 분명했다. 결국 ▭▭▭▭▭▭▭▭▭▭이다.

01 이 글에서 추론한 내용으로 적절하지 않은 것은?

① 아이젱크에 따르면, 정서 안정성 점수가 높은 사람은 낮은 사람보다 정서가 불안정하다.
② 고대 점성술에 따르면, 별자리가 황소자리인 사람은 사자자리인 사람보다 에너지 수준이 낮다.
③ 아이젱크의 첫 번째 실험에 비해 추가 실험의 실험 참가자들은 별자리에 대한 지식이 부족하다.
④ 아이젱크의 첫 번째 실험은 추가 실험보다 더 많은 인원을 대상으로 했기 때문에 실험 결과에 대한 신뢰도가 더 높다.

02 빈칸에 들어갈 내용으로 가장 적절한 것은?

① 인간의 행동은 별자리의 영향을 많이 받는다는 것
② 사람들이 별자리에 따른 기대에 따라 자신의 행동을 맞춰 나간 것
③ 사람들의 행동 양식에 따라 그들의 별자리를 예측할 수 있다는 것
④ 외향성과 내향성 그 어느 차원에 속하지 않는 인간도 존재하는 것

03 ㉠~㉣을 문맥에 맞게 수정한 방안으로 가장 적절한 것은?

① ㉠은 '복잡한 양상으로 나타난다'로 수정한다.
② ㉡은 '스트레스에 취약하다'로 수정한다.
③ ㉢은 '점수가 높은 것이다'로 수정한다.
④ ㉣은 '점성술 회의론자들의 예측과 일치했다'로 수정한다.

04 ⓐ~ⓒ에 대한 평가로 적절한 것만을 〈보기〉에서 모두 고르면?

> **보기**
> ㉮ 실험 참가자 중 외향성과 관련된 별자리에 태어난 아이들이 내향적 성격인 경우가 많다는 것이 밝혀진다면, ⓐ의 결과는 강화된다.
> ㉯ 무작위로 사람들을 선별한 후 그들의 별자리에 따라 예측한 성격이 모두 맞아떨어졌다면, ⓑ의 결과는 강화된다.
> ㉰ 별자리에 대한 지식이 많은 실험 참가자일수록 별자리가 예측하는 대로 행동 양식을 보여 주었다면, ⓒ의 결과는 강화된다.

① ㉮, ㉯
② ㉮, ㉰
③ ㉯, ㉰
④ ㉮, ㉯, ㉰

이 글을 한 문단으로 요약하시오.

◆ '~보다 / ~에 비해 / ~와 달리'와 같은 비교 표현은 함정이다. 비교 표현에 괄호를 쳐서 주어의 내용을 먼저 파악한 뒤에 괄호의 내용을 파악한다.

➡ 정서 안정성 높은 사람은 (낮은 사람보다) 정서가 불안정하다.

➡ 별자리가 황소자리인 사람은 (사자자리인 사람보다) 에너지 수준이 낮다.

➡ (첫 번째 실험에 비해) 추가 실험의 실험 참가자들은 별자리에 대한 지식이 부족하다.

➡ 첫 번째 실험은 (추가 실험보다) 더 많은 인원을 대상으로 했기 때문에 실험 결과에 대한 신뢰도가 더 높다.

요약문

한스 아이젱크 교수는 사람들의 성격이 '외향성-내향성', '정서 안정성'이라는 차원에서 차이가 난다고 주장했다. 전자는 에너지 수준을, 후자는 정서적인 안정감을 나타낸다. 한편 고대 점성술에서는 별자리에 따라 사람들의 타고난 성격이 다르다고 본다. 아이젱크 교수는 이것이 사실인지 알아보기 위해 실험을 진행했다. 첫 번째 실험은 점성술에 강한 믿음을 품은 사람들을 대상으로 하였는데, 고대 점성술의 예측대로 별자리에 따라 사람들의 성격이 나타났다. 하지만 두 번째 실험에서 별자리를 알지 못하는 아이들을 대상으로 실험하자 첫 번째 실험과 정반대의 결과가 나타났다. 마지막 실험에서 별자리를 아는 사람과 모르는 사람 모두를 대상으로 실험한 후, 아이젱크 교수는 사람들이 별자리에 따른 자신의 기대에 따라 자신의 행동을 맞춰 나간 것이라는 결론을 내렸다.

독해야 산다 1일 1독

NO. 17

독해 포인트
- 순진한 실재론자들의 주장과 근거를 잘 살펴보자.
- 인과 관계에 유의하자. 원인과 결과는 화살표(→)로 표시해 두자.

프로닌과 로스에 따르면, 우리는 세상을 있는 그대로 직접 바라보고 있다고 생각한다. 다른 사람들도 내가 보는 것처럼 볼 것이기 때문에 ㉠ 그들도 내 의견에 동의해야 한다고 믿는다. 다른 사람들이 나와 달리 생각하는 이유는 아직 관련 사실을 모르고 있거나, 아니면 사적인 이익이나 이데올로기에 눈이 멀어 있기 때문이라고 단정하는 경향이 있다는 것이다. ㉡ 그들은 이를 '순진한 실재론'이라고 부른다. ㉮ 이러한 경향은 일상생활에서 다양하게 나타난다.

순진한 실재론자들은 많은 사람들이 자신을 제외한 다른 사람들은 이데올로기와 사리사욕❶에 영향을 받고 있음이 극히 명백하다고 믿으면서도 ㉢ 그들과 달리 자신만은 세상을 있는 그대로 본다고 생각한다. 이는 집단 차원에도 그대로 적용된다. 개인 그리고 집단 사이의 갈등은 여기에서 비롯된다. ㉣ 그들은 인간이 이렇게 생각하는 것을 뇌의 한계 때문이라고 주장한다. 순진한 실재론자들이 제시하는 뇌 연구에 따르면, 사람들은 심리학자들이 생각한 것보다 더 자기중심적이다. ㉤ 그들은 외모만 비슷해도 우호적이 되고, 역으로 외모만 달라도 적대적이 된다. 유사한 사람에 대해 생각할 때와 나와 다른 특성을 가진 사람에 대해 생각할 때 아예 뇌의 작동 부위가 달라진다.

그들의 실험에 따르면, 사람들이 자신과 같은 부류(인종, 종교, 지역, 배경 등)의 사람들의 생각을 유추할 때에는 복 내측 전전 두피질이라는 뇌 부위가 활발히 작용한다. 이 부위는 자기 자신에 대해 생각할 때 쓰는 부위이다. 반면 자신과 다른 부류의 사람의 생각을 추측할 때는 등측 전전 두피질이라는 뇌 부위가 활발해진다. 이 부위는 다른 사람의 생각을 읽을 때에는 작용하지만 자기 자신에 대해서 생각할 때는 쓰지 않는 것으로 알려져 있다. 그들은 자신과 비슷한지 아닌지에 따라 뇌의 작동 부위가 달라지는 것이 인종 문제나 종교 문제, 그리고 계층 간 사회적 갈등과 관련이 있을 것으로 보인다며 결국 사회적 갈등은 이러한 뇌 탓일 수도 있다고 결론짓고 있다.

뇌의 이러한 불완전성과 자기중심성으로 인해 우리는 나름의 편향된 신념 체계를 갖게 되고, 일단 그러한 신념 체계를 갖게 되면 개인의 신념 체계에 부합하는 이론만을 받아들이는 경향을 보인다. 즉 프로닌과 로스가 말한 '순진한 실재론'에 빠지게 된다. 대부분의 사람들이 이 한계에 갇혀 있다고 보는 것이 옳을 것이다. 그러면 뇌가 이렇게 생겼으니 갈등은 피할 수 없는 것일까? 아니다. 우리는 그렇게 만들어진 자신을 한 발짝 떨어져서 바라볼 수 있는 자기 객관화 능력도 가지고 있다. 내가 어떠한 틀을 가지고 생각을 전개해 가고 있는지 생각해 낼 수 있다. 대화와 논쟁은 인간 뇌와 사유 구조의 한계를 서로가 인정할 때, 그리고 인간이 가진 객관화 능력을 전제할 때에 가능하다.

교육이 해야 할 것은 개인들이 순진한 실재론에 빠져 있음을 깨닫고 이를 받아들이도록 하는 것, 그리고 인간의 자기 객관화 능력을 훈련을 통해 길러 주는 것이다. 나아가 사고, 논쟁, 그리고 세상을 해석할 때 이를 적용할 수 있도록 이끌어야 한다. 우리 인간이 그러한 차원으로 나아가면 마음의 행복, 사회의 화합, 세계의 평화가 한 발 더 가까이 오게 될 것이다. 자유와 평등의 이념이 서로 충돌하는 것이 아니라 우리 안에서 녹아 새로운 세계를 만들어 내게 될 것이다.

❶ 사리사욕(私利私慾)
사사로운 이익과 욕심

01 이 글에서 추론한 내용으로 가장 적절한 것은?

① 프로닌과 로스는 인간이 지닌 자기 객관화 능력의 중요성을 주장했다.
② 자기 자신을 생각할 때는 뇌의 복 내측 전전 두피질이 활발하게 작용한다.
③ 순진한 실재론은 뇌가 자기 자신만 생각하고 타인은 생각하지 못하기 때문에 발생한다.
④ 다양한 사회적 갈등은 인간이 자신과 유사한 사람을 생각할 때와 다른 사람을 생각할 때 서로 다른 뇌 부위를 사용하도록 만들었다.

02 글쓴이가 궁극적으로 말하고자 하는 바로 가장 적절한 것은?

① 뇌의 불완전성과 자기중심성은 인간이 편향된 신념 체계를 갖게 한다.
② 사람들은 자신의 의견이 옳고 다른 사람들의 의견은 틀렸다고 믿는 경향이 있다.
③ 교육을 통해 자기 객관화 능력을 키워 이를 사고와 논쟁에 적용함으로써 순진한 실재론을 극복해야 한다.
④ 개인의 신념 체계와 자기 객관화 능력이 서로 조화될 때 뇌가 지닌 불완전성과 자기중심성을 해결할 수 있다.

03 ㉮에 적합하지 않은 사례는?

① A는 기후 변화가 명백히 인간 활동 때문이라고 확신하면서 이에 동의하지 않는 사람들은 어떠한 정치적 의도가 있다고 여겼다.
② B는 한 정치 후보가 여론 조사에서 1위를 기록하자, 별다른 정책 검토 없이 "많은 사람들이 지지하니까 뭔가 잘할 거야."라고 생각하고 그 후보에게 투표했다.
③ 지역 개발 계획을 반대하는 C는 찬성하는 주민들을 향해 "이분들은 아직 제대로 된 정보를 몰라서 그래요."라고 말했다.
④ D는 정치적 이슈에 대해 자신은 논리적이고 객관적인 반면 자신과 입장이 다른 타인은 감정적이고 편향적이라고 평가했다.

04 이 글의 ㉠~㉤ 중 문맥적 의미가 같은 것만으로 묶인 것은?

① ㉠, ㉢
② ㉠, ㉣
③ ㉡, ㉤
④ ㉡, ㉢, ㉣

이 글을 한 문단으로 요약하시오.

문제 포인트

♦ 주제 찾기 문제에서 아래와 같은 선택지는 정답에서 제외된다.

① 글의 내용을 지나치게 일반화한 경우(내용의 확대)
② 글의 내용 중 일부만 제시한 경우(내용의 축소)
③ 글의 내용과 배치되거나 내용을 왜곡한 경우
④ 글에 없거나 중심 화제와 관련이 없는 내용을 진술한 경우

요약문

프로닌과 로스가 주장한 '순진한 실재론'에 따르면, 사람들은 자신은 세상을 있는 그대로 보지만, 다른 이들은 그렇지 못하다고 믿는다. 이는 자기중심적인 우리 뇌 구조의 한계와도 관련이 있다. 순진한 실재론자들의 실험에 따르면, 자신과 같은 부류인가 아닌가에 따라 타인들의 생각을 유추할 때 작동하는 뇌 부위가 달라진다. 이러한 뇌의 불완전성과 자기중심성으로 인해 우리는 편향된 신념 체계를 갖게 되고 순진한 실재론에 빠지게 된다. 하지만 인간은 자신을 한 발짝 떨어져서 바라볼 수 있는 자기 객관화 능력도 가지고 있다. 이러한 자기 객관화 능력을 길러 주는 것이 교육이 해야 할 일이다.

1일 1독 NO. 18

- 소요 시간 　분　초
- 맞힌 갯수 　/4

독해 포인트
- '소유 효과', '손실 회피'의 개념을 정리하고, 이 둘의 관계를 파악해 보자.
- 다양한 학자들이 나올 경우, 그들의 주장과 이를 뒷받침하는 근거를 잘 살펴보자.

　우리는 물건이건 사회적 지위이건 일단 무엇인가를 소유하고 나면 그것을 갖고 있지 않을 때보다 ㉠훨씬 높게 평가하는 성향이 있다. 이와 같이 사람들이 자신의 소유물을 과대평가하는 현상을 1980년 미국 행동 경제학자 **리처드 탈러**는 '소유 효과'라고 명명했다. 탈러는 ⓐ 　　　　을 소유 효과의 예로 들었다. 소유 효과는 한마디로 '내 것이면 무조건 최고'라는 뜻이다.

　소유 효과의 존재는 탈러가 참여한 실험을 통해 처음으로 확인됐다. 그는 실험 참가자를 3개 집단으로 나눴다. 첫 번째 집단에는 커피 머그(원통형 찻잔)를 주고 초콜릿과 교환하게 했다. 두 번째 집단에는 첫 번째 집단과 거꾸로 초콜릿을 주면서 머그와 교환할 기회를 부여했다. 세 번째 집단은 머그와 초콜릿 중에서 자신이 선호하는 것을 고르도록 했다.

　실험 결과 첫 번째 집단의 89%는 ㉡머그를 초콜릿과 교환하지 않았다. 초콜릿보다 머그를 선택한 비율은 89%인 셈이다. 두 번째 집단에서는 90%가 ㉢초콜릿을 머그와 바꾸지 않았다. 초콜릿보다 머그를 선택한 비율은 10%인 셈이다. 두 집단에서 머그를 선호하는 비율이 각각 89%와 10%로 큰 격차를 나타낸 것은 소유 효과가 강력하게 작용한 결과라고 볼 수 있다. 세 번째 집단은 거의 50% 비율로 머그와 초콜릿을 선택해 소유 효과가 없는 상태에서는 물건에 대한 평가에 치우침이 나타나지 않음을 보여 줬다.

　이후 탈러는 소유 효과가 아끼는 물건에 대한 집착에서 비롯되는 것이 결코 아니며 단지 자신의 소유물을 남에게 넘기는 것을 손실로 여기는 심리 상태 때문에 발생하는 것이라고 주장했다. 사람들이 손해를 보지 않으려는 쪽으로 결정하는 성향을 '손실 회피'라고 한다. 한마디로 손실 회피는 '밑지는 건 참을 수 없다.'라는 뜻이다. 손실 회피는 이스라엘 출신 심리학자 **대니얼 카너먼**이 1979년 행동 경제학을 창시한 논문에 처음 등장한 개념이다. 그에 따르면, 손실과 이익의 액수가 같다면 사람들은 ㉣손실로 인한 불만족보다 이익으로 인한 만족을 더 크게 지각한다. 이로 인해 사람은 순수하게 이익과 손실을 계산하는 합리적 존재가 아니라, 손실에 훨씬 더 과민하게 반응하는 심리적 존재임을 보여 준다. 이로 인해 비합리적 의사 결정이 발생하는 것이다.

　2008년 미국 스탠퍼드대 심리학자 **브라이언 넛슨**은 뇌 안에 손실을 회피하려는 부위가 존재해 소유 효과가 나타나는 것이라고 설명했다. 넛슨은 24명의 남녀 뇌에서 전두엽에 자리 잡은 측위 신경핵을 기능성 자기 공명 영상[fMRI] 장치로 들여다보는 실험을 실시해 이 부위가 손실에 대한 두려움을 유발해 소유 효과가 나타나는 데 중요한 역할을 한다고 밝혀낸 것이다.

　한편 2010년 프랑스 심리학자 **윌리엄 매덕스**는 《심리 과학》에 실린 논문에서 동아시아 대학생들이 서구 젊은이들만큼 소유 효과가 강력하게 발생하지 않는 것으로 확인된 실험 결과를 발표했다. 그는 개인주의 성향이 강한 서구 문화권에서는 소유물을 확장된 자아로 여기기 때문에 집단 귀속감이 강한 아시아 문화 쪽보다 더 강하게 소유 효과가 나타나는 것으로 분석했다.

01 이 글에서 추론한 내용으로 적절하지 않은 것은?

① 리처드 탈러가 참여한 실험에 따르면, 사람들은 머그보다 초콜릿을 훨씬 더 좋아한다.
② 리처드 탈러는 대니얼 카너먼이 사용한 용어를 사용해 소유 효과가 나타나는 이유를 설명했다.
③ 대니얼 카너먼에 따르면, 사람들의 비합리적 의사 결정은 손실 회피 심리가 일정 부분 작용한 결과 나타난 것이다.
④ 윌리엄 매덕스에 따르면, 소유 효과는 문화권에 따라 다르게 나타날 수 있다.

02 Ⓐ에 들어갈 수 있는 내용을 〈보기〉에서 모두 고르면?

> **보기**
> ㉮ 한 병에 5달러를 주고 구매한 포도주가 50달러가 됐음에도 팔려고 하지 않는 것
> ㉯ 비싸게 산 제품이라도 사용 중 불편함이나 불쾌감을 느끼면 손해를 감수하고라도 처분하려는 것
> ㉰ 온라인 쇼핑몰에서 구매한 제품에 약간의 결함이 있지만 '내가 선택한 것'이라는 이유로 쉽게 반품하지 않는 것

① ㉰
② ㉮, ㉯
③ ㉮, ㉰
④ ㉯, ㉰

03 문맥상 ㉠~㉣의 수정 사항으로 가장 적절한 것은?

① ㉠은 '훨씬 낮게 평가하는 성향이 있다'로 수정한다.
② ㉡은 '머그를 초콜릿과 교환했다'로 수정한다.
③ ㉢은 '초콜릿을 머그와 바꿨다'로 수정한다.
④ ㉣은 '손실로 인한 불만족을 이익으로 인한 만족보다'로 수정한다.

04 이 글에 대한 평가로 가장 적절한 것은?

① 주식이 하락할 때 주식 투자자들이 손실을 빠르게 확정짓고 주식을 바로 팔아버린다면, 리처드 탈러의 주장은 강화된다.

② 100만 원의 이득을 얻는 행동과 10만 원의 손실을 피하는 행동 중 후자를 선택하는 사람이 많다면, 대니얼 카너먼의 주장은 약화된다.

③ 사고로 측위 신경핵이 손상된 사람에게 소유 효과가 나타나지 않음이 밝혀진다면, 브라이언 넛슨의 주장은 강화된다.

④ 한국인보다 미국인에게 더 강한 소유 효과가 일어난다면, 윌리엄 매덕스의 주장은 약화된다.

이 글을 한 문단으로 요약하시오.

문제 포인트

♦ 어구의 적절성을 묻는 문제는 특정 단어를 반대말로 바꾸거나, 문장 구조를 뒤바뀌는 식으로 만들어진다. 이 문제를 풀 때는 이 부분에 주목하면서, 앞뒤 문맥을 확인해야 한다.

㉠ 훨씬 **높게** 평가하는 성향이 있다	→	훨씬 **낮게** 평가하는 성향이 있다
㉡ 머그를 초콜릿과 **교환하지 않았다**	→	머그를 초콜릿과 **교환했다**
㉢ 초콜릿을 머그와 **바꾸지 않았다**	→	초콜릿을 머그와 **바꿨다**
㉣ 손실로 인한 불만족**보다** 이익으로 인한 만족**을**	→	손실로 인한 불만족**을** 이익으로 인한 만족**보다**

요약문

리처드 탈러는 자신의 소유물을 과대평가하는 현상을 '소유 효과'라고 명명했다. 소유 효과의 존재를 증명하는 그의 실험에 따르면, 대부분의 실험 참가자들은 머그 혹은 초콜릿을 소유했을 때, 그것을 다른 물건과 교환하지 않았다. 이후 탈러는 손실 회피 성향 때문에 소유 효과가 일어난다고 주장했다. 손실 회피는 대니얼 카너먼이 처음 사용한 개념인데, 이는 이익과 손실 중 손실에 훨씬 더 과민하게 반응하는 인간의 성향을 의미한다. 그리고 브라이언 넛슨은 실험을 통해 전두엽의 측위 신경핵이 손실에 대한 두려움을 유발해 소유 효과가 일어나는 것이라고 주장했다. 한편 소유 효과는 문화권에 따라 다르게 나타날 수 있다는 윌리엄 매덕스의 주장도 존재한다.

독해야 산다 1일 1독 NO. 19

독해 포인트
- 다양한 견해의 공통점과 차이점에 주목하여 글을 읽어 보자!
- 이 글은 '계몽주의의 등장 배경과 특징', '세 계몽 사상가들의 주장, 한계, 의의'로 정리된다.

근세의 기계론적 우주관은 철학 사상에서 경험론과 합리주의를 낳았고, 이 두 철학의 흐름은 하나로 결합하여 이른바 계몽사상을 낳았다. 계몽사상이 앞세우는 유일한 최고의 기준은 이성인데, 이 이성은 데카르트의 수학적 이성인 동시에 베이컨의 실증적 이성이었다. 계몽 사상가들은 이성의 빛으로 인간 생활과 사회를 조명했는데, ㉠이들이 바라본 18세기의 인간 생활과 사회 제도는 비합리와 모순으로 가득 차 있었다. 사람들의 사고방식과 생활 태도는 비과학적이고 미신에 사로잡힌 데다, 정치 제도와 사회 질서는 권위와 전통이라는 불합리하고 몽매한 원리에 의하여 지배되고 있었다. 계몽사상은 이러한 현실 사회의 모순을 제거하여 합리적인 사회를 실현하려는 실천 철학이었다. ㉡이들은 전통적인 편견, 관습, 신념, 권위를 그 뿌리부터 흔들어 권위와 전통에 지배된 ㉢이들을 그 속박에서부터 해방시키려고 온갖 노력을 아끼지 않았다.

18세기 프랑스에는 세계적으로 저명한 계몽 사상가들이 속출했는데, ㉣이들 사이에는 한결같이 이성과 진보에 대한 공통된 신념이 있었다. 그런데 현실 사회의 모순과 불합리를 개혁하는 구체적인 방법은 의견이 같지 않았다. 몽테스키외는 귀족 출신으로서 절대 군주 정치를 부정하지 않았다. 그는 공화제도 군주제도 타락할 수 있는 것이므로 국가 형태가 중요한 것이 아니라 타락을 어떻게 방지하느냐가 중요하다고 강조하여, 권력을 분산시키고 분산된 권력들이 서로 견제하는 삼권 분립론을 주장하였다. 그는 삼부회나 고등 법원 같은 중간 집단에 의하여 견제되는 군주제를 구상하였고, 심지어 영주권을 정당화하고 농노 해방에 대한 대가와 귀족의 면세 특권을 긍정하였다. 이처럼 그는 여전히 낡은 사상에서 탈피하지 못한 귀족주의적 개혁가에 머물러 있었다.

볼테르도 군주제를 부정하지는 않았다. 그는 당시 영국의 군주제와 같은 입헌 군주제를 예찬하고, 군주들에게 계몽사상에 의한 위로부터의 개혁을 기대하였다. 그는 200마리 쥐보다 한 마리의 사자에게 복종하는 것이 좋다고 하였는데, 한 마리의 사자는 다름 아닌 루이 14세를 가리켰다. 그는 철저한 계몽 전제 군주론자로서 이 사회에서 땅도 집도 없는 사람들이 과연 발언권을 가져야 하느냐고 물으면서 일반 민중인 무산 계급의 정치 참여에 반대하였다. 그는 귀족, 성직자와 같은 특권 신분을 사정없이 끌어내리기는 했으나 일반 민중을 끌어올리려고는 하지 않았다. 그는 자신과 같은 부르주아의 평등은 열심히 주장했지만 민중의 평등은 전혀 고려해 본 일이 없었다.

그런데 루소는 모든 국민의 평등을 주장하였다. 그는 절대 왕정을 계몽적인 입헌 군주제로 개량하는 미온적인 개혁에는 흥미가 없었다. 그에 의하면 모든 인간 사회는 그 구성원들의 계약에 의하여 성립되고 모든 주권은 그 계약에 동의한 인민에게 있었다. 왕권도 이 인민의 일반 의지에 의하여 주어진 것이므로 인민 주권의 원리에 위배될 수 없다는 것이었다. 이러한 그의 사회 계약론에 의하여 비로소 사람은 누구나 나면서부터 천부의 권리를 갖는다는 인권 사상과 반자연적 신분제를 부정하는 평등사상이 대두하였다. 루소는, 몽테스키외가 귀족 계급에게 유보시키고 볼테르가 상층 부르주아에게 유보시켰던 정치권력을 민중 전체로까지 확대하였다. 루소의 '사회 계약론'은 원리상 민주주의의 헌장❶이 되었다.

❶ 헌장(憲章)
어떠한 사실에 대하여 약속을 이행하기 위하여 정한 규범 / 헌법의 전장(典章)

01 이 글에 나타난 설명 방식으로 가장 적절한 것은?

① 서로 상반되는 견해를 대조한 후 이를 절충하고 있다.
② 사상적 배경을 설명하고 다양한 견해를 나열하고 있다.
③ 특정 견해에 대한 평가가 달라진 원인을 분석하고 있다.
④ 특정 견해가 시간의 흐름에 따라 변화하는 과정을 보여 주고 있다.

02 이 글을 이해한 내용으로 적절하지 않은 것은?

① 근세의 기계론적 우주관은 18세기 프랑스 계몽 사상가들에게 영향을 미쳤다.
② 몽테스키외와 볼테르는 모두 귀족 출신으로서, 군주제를 부정하지 않았다.
③ 계몽적인 입헌 군주제에 관하여 볼테르와 루소의 입장은 서로 다르다.
④ 루소가 주장한 사회 계약론으로 인하여 인권 사상과 평등사상이 등장할 수 있었다.

03 이 글에 대해 평가한 내용으로 가장 적절한 것은?

① 진보적인 이성의 결과가 오히려 인간과 자연에 파괴적인 영향을 미칠 수 있다면, 계몽 사상가들의 주장은 강화된다.
② 절대 군주의 타락은 어떠한 사회적 집단이나 제도적 장치로도 견제될 수 없다면, 몽테스키외의 주장은 강화된다.
③ 특정 계급의 특권은 비판하면서 다른 계급의 특권을 묵인하는 것은 모순적인 태도라는 견해가 추가되면, 볼테르의 주장은 약화된다.
④ 국가의 존재는 국민의 주권에 의해 정당화되므로 국민은 국가보다 더 높은 위치에 있다는 견해가 추가되면, 루소의 주장은 약화된다.

04 문맥상 ㉠~㉣ 중 지시 대상이 다른 하나는?

① ㉠
② ㉡
③ ㉢
④ ㉣

이 글을 한 문단으로 요약하시오.

 문제 포인트

♦ 선택지에 자주 나오지만, 헷갈리는 설명 방식을 정리해 보자.

- A 견해와 B 견해의 절충: A 견해 + B 견해
- 다양한 견해의 나열: A 견해 – B 견해 – C 견해 …

요약문

계몽 사상가들은 이성을 기준으로 18세기의 인간 생활과 사회 제도를 바라보고 이를 비판하였다. 18세기 프랑스에는 저명한 계몽 사상가들이 속출했는데, 이들은 현실 사회의 모순과 불합리를 개혁하는 구체적 방법에 대한 의견이 달랐다. 우선 몽테스키외는 중간 집단에 의하여 견제되는 군주제를 구상했다. 볼테르도 군주제를 부정하지 않았다. 특히 그는 귀족, 성직자의 특권 신분을 끌어내리면서 부르주아의 평등을 주장했다. 그러면서도 민중의 평등은 고려하지 않았다. 반면 루소는 모든 국민의 평등을 주장하며 사회 계약론을 제시했다. 이러한 사회 계약론은 원리상 민주주의의 헌장이 되었다.

독해야 산다 1일 1독 NO. 20

소요 시간   분   초
맞힌 갯수   /4

독해 포인트
◆ 빈곤 퇴치와 경제 성장에 관한 다양한 견해의 공통점과 차이점을 파악해 보자.
◆ 인과 관계에 주목하여 글을 읽어 보자.

    빈곤의 원인으로 지리적 요인을 강조하는 **삭스**는 가난한 나라의 사람들이 '빈곤의 덫'에서 빠져나오기 위해 외국의 원조에 기초한 초기 지원과 투자가 필요하다고 주장한다. 그에 따르면, 가난한 나라들은 열대 지역에 위치하고 말라리아가 극심하여 사람들의 건강과 노동 성과가 나쁘다. 이들은 소득 수준이 너무 낮아 영양 섭취나 위생, 의료, 교육에 쓸 돈이 부족하고 개량종자나 비료를 살 수 없어서 소득을 늘릴 수 없다. 이런 상황에서는 초기 지원과 투자로 가난한 사람들이 빈곤의 덫에서 벗어나도록 해 주어야만 경제가 성장할 수 있다. 그런데 가난한 나라는 초기 지원과 투자를 위한 자금을 조달할 능력이 없기 때문에 외국의 원조가 필요하다는 것이다.
    반면 **이스털리**는 정부의 지원과 외국의 원조가 성장에 도움이 되지 않는다고 본다. 그는 '빈곤의 덫' 같은 것은 없으며, 빈곤을 해결하기 위해 경제가 성장하려면 자유로운 시장이 잘 작동해야 한다고 본다. 가난한 사람들이 필요를 느끼지 않는 상태에서 교육이나 의료에 정부가 지원한다고 해서 결과가 달라지지 않으며 개인들이 스스로 필요한 것을 선택하도록 해야 한다고 보기 때문이다. 마찬가지 이유로 그는 외국의 원조에 대해서도 회의적인데, 특히 정부가 부패할 경우에 원조는 가난한 사람들의 처지를 개선하지는 못하고 정부의 부패를 더욱 악화시키는 결과만 초래한다고 본다.
    빈곤의 원인이 나쁜 제도라고 생각하는 **애쓰모글루**도 외국의 원조에 대해 회의적이지만, 자유로운 시장에 맡겨 둔다고 나쁜 제도가 저절로 사라지는 것도 아니라고 본다. 그는 가난한 나라에서 경제 성장에 적합한 좋은 경제 제도가 채택되지 않는 이유가 정치 제도 때문이라고 본다. 어떤 제도든 이득을 얻는 자와 손실을 보는 자를 낳으므로 제도의 채택 여부는 사회 전체의 이득이 아니라 정치권력을 가진 ⊙이들의 이득에 따라 결정된다는 것이다. 그는 지속적인 경제 성장을 위해서는 사회 전체의 이익에 부합하는 경제 제도가 채택될 수 있도록 정치 제도가 먼저 변화해야 한다고 주장한다.
    배너지와 뒤플로는 구체적인 현실에 대한 올바른 이해에 기초한 정책을 강조한다. 두 사람은 나쁜 제도가 존재하는 상황에서도 빈곤을 개선할 여지는 많다고 본다. ⓒ이들은 가난한 사람들의 현재 소득과 미래 소득의 관계를 설명하기 위해, 가로축에 현재 소득을, 세로축에 미래 소득을 둔 그래프의 곡선 모양으로 빈곤의 덫에 대한 견해들을 설명한다. 덫이 없다는 견해는 이 곡선이 가파르게 올라가다가 완만해지는 '뒤집어진 L 자 모양'이라고 생각함에 비해, 덫이 있다는 견해는 처음에 완만하다가 중간에 가파르게 오른 다음 다시 완만해지는 'S 자 모양'이라고 생각한다는 것이다. 현실 세계가 전자라면, 아무리 가난한 사람들이라도 현재 소득이 조금만 올라가면 미래 소득이 크게 증가한다. ⓒ이들을 지원하면 도달 시간을 조금 줄일 뿐 결국 도달점은 지원하지 않는 경우와 같기 때문에 지원이 꼭 필요한 것은 아니다. 그러나 후자의 경우, 현재 소득 수준이 낮은 영역에 속하는 사람은 아무리 노력해도 미래 소득이 크게 오르지 않으므로 지원이 필요하다. 배너지와 뒤플로는 가난한 사람들이 빈곤의 덫에 갇혀 있는 경우도 있고 아닌 경우도 있으며, 덫에 갇히는 이유도 다양하다고 본다. 따라서 빈곤의 덫이 있는지 없는지 단정하지 말고, ㉣ 이들이 어떻게 살아가는지, 도움이 필요한지 등을 파악하여 빈곤 퇴치에 도움이 되는 지식을 얻어야 한다고 본다. 즉 이들은 빈곤을 퇴치하지 못하는 원인이 [   ] 때문이라고 생각하는 것이다.

01 이 글에 대한 평가로 가장 적절한 것은?

① 같은 열대 지역이라도 어떤 나라는 경제가 성장하고 어떤 나라는 경제 성장에 실패한다면, 삭스의 주장은 강화된다.
② 외국의 지원으로 저소득 국가의 국민들에게 교육 기회가 주어지자 소득 향상의 효과가 뒤따랐다면, 이스털리의 주장은 강화된다.
③ 선진적인 정치 제도를 채택한 후에도 저소득 국가에서 벗어나지 못한 경우가 있다면, 애쓰모글루의 주장은 약화된다.
④ 빈곤의 덫을 단정적으로 해석하거나 해결하려는 시도가 오히려 빈곤 문제 해결의 실효성을 떨어뜨린다면, 뒤플로의 주장은 약화된다.

02 이 글에 대한 분석으로 옳은 것만을 〈보기〉에서 모두 고르면?

보기
㉠ 빈곤의 덫에 대한 삭스와 이스털리의 견해는 서로 다르다.
㉡ 자유로운 시장의 작동이 빈곤의 해결책이라는 데에 이스털리와 애쓰모글루의 견해는 서로 다르다.
㉢ 나쁜 제도 하에서 빈곤을 해결할 수 있다는 데에 애쓰모글루와 배너지는 모두 동의한다.

① ㉠, ㉡   ② ㉠, ㉢
③ ㉡, ㉢   ④ ㉠, ㉡, ㉢

03 빈칸에 들어갈 말로 가장 적절한 것은?

① 가난한 사람을 지원하지 않았기
② 빈곤에 대한 지식이 빈곤하기
③ 빈곤의 덫이 있다고 믿기
④ 나쁜 제도가 존재하기

04 문맥상 ㉠~㉣ 중 지시 대상이 같은 것만으로 묶인 것은?

① ㉠, ㉡ ② ㉠, ㉣
③ ㉡, ㉢ ④ ㉢, ㉣

이 글을 한 문단으로 요약하시오.

◆ 대표적인 논증 평가 문제에는 '강화·약화'와 '견해 비교'가 있다.

강화·약화	주장과 근거 파악 → 선택지의 내용이 주장, 근거를 입증·반증하는지, 혹은 주장, 근거와 무관한지 판단
견해 비교	서로 다른 논지 간 공통점과 차이점 판단

요약문

삭스는 가난한 나라의 사람들이 '빈곤의 덫'에서 빠져나오기 위해 외국의 원조에 기초한 초기 지원과 투자가 필요하다고 주장한다. 그러나 이스털리는 '빈곤의 덫'은 없으며, 외국의 원조가 경제 성장에 도움이 되지 않는다고 반박한다. 그는 빈곤을 해결하기 위해서는 자유로운 시장이 잘 작동해야 한다고 주장한다. 애쓰모글루는 빈곤의 원인이 나쁜 제도라고 생각하는데, 이스털리와 마찬가지로 외국의 원조가 빈곤을 해결할 수 없다고 주장한다. 하지만 자유로운 시장에 맡겨둔다고 나쁜 제도가 저절로 사라지는 것은 아니라고 본다. 그는 좋은 경제 제도가 채택되려면 정치 제도가 먼저 변화해야 한다고 주장한다. 한편 배너지와 뒤플로는 나쁜 제도가 존재해도 빈곤을 개선할 수 있다고 주장한다. 그러면서 빈곤의 덫이 있는지 없는지 단정하지 말고, 빈곤 퇴치에 도움이 되는 지식을 얻어야 빈곤을 해결할 수 있다고 주장한다.

독해 포인트
- 대조적 개념의 특성을 비교하는 형식은 시험에서 가장 많이 출제되는 유형 중 하나이다.
- '도구적 정치관'과 '공동체적 정치관'의 차이점에 주목하여 글을 읽어 보자!

    정치에 관한 근본적 견해는 도구적 정치관과 공동체적 정치관으로 분류할 수 있다. ㉠전자는 홉스, 로크 등이, ㉡후자는 아리스토텔레스, 매킨타이어 등이 대표적 사상가이다.
    우선 도구적 정치관은 위계질서, 조직, 엘리트로 구성된 정치 생활을 상정한다. 또한 정치 생활은 희소한 재화와 자원 등을 둘러싼 경쟁적인 투쟁으로 특징지어진다. 이 견해에 의하면, 현실의 정치는 권력과 이익을 추구하는 일종의 게임과 같은 것으로서 정치 제도는 특정한 사람들이 자신의 이익과 권력을 나머지 사람들의 위협에 대항하여 보존하는 데 봉사하는 것이다. 그러므로 도구적 정치관에 따르면 정치 참여란 그 자체가 내재적인 가치를 지니지 않으며 다만 일반 시민이 자신의 사적인 관심과 이익을 추구하기 위해 사용하는 다양한 수단 중의 하나에 불과하다. 인간은 정치 영역에서 권력이나 사적인 이익을 추구함에 있어 다른 인간들을 협상, 선전, 조작의 대상과 수단으로 삼으며, 사람들은 그들 자신의 사회, 경제적 이익을 위해서 무엇인가를 원할 때 정치에 참여하게 된다는 것이다.
    반면 공동체적 정치관에 따르면 정치란 참여적이고 민주적이며, 평등적이고 공공 정신에 의해 발양되는 것이며, 인간을 그들의 관심과 추구하는 바에 따라 대하는 인간 상호 간의 활동이다. 공동체적 정치관은 건전한 정치 체제와 개인의 자아 발전을 위해서 정치 참여의 내재적 중요성을 강조한다. 따라서 인간됨을 위해서는 정치 참여가 필수적이다.
    공동체적 정치관은 인간을 그 본성상 정치적 동물로 보는 데 반해 도구적 정치관은 이를 부인한다. ㉢전자에 따르면 인간은 '자연적으로', '정상적으로' 정치 생활에 적극적으로 관여하고자 한다. 다만 그 잠재성의 실현이 현실에 있어서는 방해받을 수 있을 뿐이다. 따라서 '자연스러운' 정치적 관심이나 참여가 특별한 설명을 필요로 하는 것이 아니라 부자연스러운 정치적 무관심이나 불참이 특별한 설명을 필요로 하는 것이 된다. 반대로 ㉣후자에 따르면 인간은 기본적으로 정치에 관심이 없으며 정치란 주변적인 활동에 불과하다. 인간의 자연적인 상태는 정치적인 휴지(休止), 즉 정치적 활동의 부재 상태이다. 정치란 소수의 정치가들 이외에는 그 자체로서 가치가 있거나 의미 있는 활동이 아니기 때문에 인간이 기본적으로 비정치적이 되고자 하는 것은 당연하다.
    따라서 시민들이 정치에 참여하지 않거나 무관심한 현상을 '초연함'으로 보는 견해는 ⓐ 정치관과 연관성이 있고, '소외'로 보는 견해는 ⓑ 정치관과 깊은 연관성이 있다. 즉 ⓒ 정치관은 정치 활동에 참여하는 것이 인간의 기본적 욕구를 만족시키는 활동이라고 여기기 때문에 정치적 무관심이나 비참여를 정치적 소외의 차원에서 논의할 수 있다. 그러나 ⓓ 정치관에 따르면 정치 활동이란 보다 본질적인 인간의 사적인 경제 활동이나 사회적인 활동을 보호, 촉진하기 위한 주변적인 활동에 불과하기 때문에, 정치적 무관심이나 비참여는 오히려 현실과는 무관한, 정상적인 것으로 여겨진다. Ⓐ이 정치관에 따르면, 정치 참여의 중요성은 선거에서 투표 등을 통해 정치가들의 권력 남용을 방지하기 위해 필요한 보조적인 활동으로서 거론될 뿐이다.

이러한 내용들을 종합했을 때, 공동체적 정치관을 지닌 '갑'은 도구적 정치관을 지닌 '을'에 대해 ☐☐☐ 고 조언할 수 있다.

01 〈보기〉의 ㉮~㉰ 중, 이 글에 대한 평가로 가장 적절한 것은?

> 〈보기〉
> ㉮ 청년 세대에 비해 기성세대의 정치에 대한 관심도가 높다는 것이 밝혀지면, 로크의 정치관은 약화된다.
> ㉯ 인간은 그 본성상 자신의 이득과 관련이 있을 때에만 정치에 관심을 갖는다면, 홉스의 정치관은 약화된다.
> ㉰ 인간됨이 완성된 사람 중에 정치 참여를 하지 않는 사람이 존재한다면, 아리스토텔레스의 정치관은 강화된다.
> ㉱ 정치에 관심을 갖고 참여하려는 성향은 사회적 존재인 인간의 본능이라면, 매킨타이어의 정치관은 강화된다.

① ㉮
② ㉯
③ ㉰
④ ㉱

02 빈칸에 들어갈 말로 가장 적절한 것은?

① 인간다움의 실현과 개인의 자아 발전을 위해서 정치 활동에 참여해야 한다
② 정치적 무관심은 자연스러운 현상이므로 지나치게 정치 참여를 강요해서는 안 된다
③ 다른 사람으로부터 자신의 이익과 권력을 보호하기 위해서 정치 활동에 참여해야 한다
④ 정치가들이 권력 남용을 하는 것을 확인한 후에 정치 활동에 참여하는 것을 결정하면 된다

03 ⓐ~ⓓ에 들어갈 내용을 바르게 나열한 것은?

	ⓐ	ⓑ	ⓒ	ⓓ
①	공동체적	도구적	도구적	공동체적
②	도구적	도구적	공동체적	공동체적
③	도구적	공동체적	도구적	공동체적
④	도구적	공동체적	공동체적	도구적

04 ㉠~㉣ 중 문맥상 ⓐ에 해당하는 의미로 사용된 것을 모두 고르면?

① ㉠, ㉢
② ㉠, ㉣
③ ㉡, ㉢
④ ㉡, ㉣

이 글을 한 문단으로 요약하시오.

문제 포인트

◆ 각 학자의 정치관을 구분하는 것과 각 정치관의 특징을 잘 정리하는 것이 문제 풀이의 핵심이다.

홉스	도구적 정치관	• 정치 참여는 이익을 위한 수단
로크		• 정치에 대한 무관심이 당연
아리스토텔레스	공동체적 정치관	• 인간됨을 위해서 정치 참여 필수적
매킨타이어		• 정치에 대한 관심이 당연

요약문

정치에 관한 근본적 견해는 도구적 정치관과 공동체적 정치관으로 분류할 수 있다. 도구적 정치관에 따르면 정치 참여란 그 자체로 내재적 가치를 지니지 않으며, 자신의 이익을 추구하기 위해 사용하는 수단에 불과하다. 반면 공동체적 정치관에 따르면, 인간됨을 위해서는 정치 참여가 필수적이다. 공동체적 정치관은 인간의 본성상 인간은 정치에 자연스럽게 관심을 가진다고 보지만, 도구적 정치관에서는 인간은 기본적으로 정치에 무관심하다고 본다. 따라서 공동체적 정치관에서는 시민들이 정치에 무관심한 현상을 소외로 보지만, 도구적 정치관에서는 초연함으로 본다.

독해 포인트
◆ 동일한 현상(어린이보다 성인이 시간이 더 빠르게 흐른다고 느낌)에 대한 다양한 견해를 중점적으로 살펴보자.
◆ '심리적 시간'과 '물리적 시간'의 개념 차이를 이해한다.

㉮ 시간은 누구에게든 평등하게 주어진다. 하지만 시계가 규칙적으로 재는 객관적인 시간의 길이와 인간이 주관적으로 느끼는 시간의 길이는 반드시 일치하지는 않는다. 전자는 물리적 시간, 후자는 심리적 시간이라고 하는데, 심리적 시간은 그 사람이 처한 상황에 따라 늘고 주는 특징이 있다.

심리적 시간에서 자주 이야기되는 것은 어릴 때와 어른일 때 1년의 길이가 달리 느껴진다는 것이다. 그 이유로 '나이를 분모로 해서 1년의 길이를 느끼기 때문'이라고 설명하는 경우가 많다. 가령 10세인 아이의 1년은 인생의 10분의 1을 차지하지만, 50세의 1년은 50분의 1에 지나지 않는다. 이는 프랑스의 심리학자 **피에르 자네**가 제창한 "심리적 시간은 나이에 반비례한다."라는 생각에 근거하고 있어 '자네의 법칙'이라고 불린다.

그러나 일본 지바 대학교 심리학과의 **이치가와 마코토** 교수는 자네의 법칙이 과학적으로 검증되지 않아 현재의 심리학자 사이에서는 지지받지 못한다고 말한다. 이치가와 연구 팀은 소리 반향이 없는 깜깜한 방에 실험 참가자를 넣고, 3분의 ㉠ 시간 지났다고 생각하면 버튼을 누르라고 지시하였다. 그때 참가자가 마음속으로 시간을 재지 못하게 했다. 실험 결과, 나이가 2~4세 많아질 때마다 버튼을 누르기까지의 시간이 길어졌다. 나이가 많아질수록 ㉡ 시간의 흐름이 느려져, 자신은 3분이라고 생각해도 실제 ㉢ 시간은 3분을 넘어섰던 것이다. 이는 나이가 들수록 시간이 빨리 흐른다고 느끼는 것을 보여 주는 실험 결과이다. 즉 나이가 들수록 심리적 시간이 느려 자신은 3분이라고 느꼈는데, ㉣ 시간은 3분을 넘어섬으로써 실제 시간이 빨리 흐른다고 느끼는 것이다.

심리적 시간을 **신경 과학적 관점**에서 분석한 실험 결과도 있다. 뇌 과학 분야에는 뇌의 어떤 부위에서 '펄스(pulse)'라는 일정한 리듬을 지닌 신경 신호가 나오고, 그 신호의 축적량이 심리적 시간에 대응한다는 가설이 있다. 이와 같이 펄스 진동에 신경 활동이 관여한다면, 만일 체온이 올라 신경 활동이 활발해지면 펄스 진동이 격렬해져 펄스는 보다 빠르게 축적될 것이다. 그러면 심리적 시간의 흐름은 빨라지고, 상대적으로 물리적 시간은 느려지기 때문에, 시간의 흐름을 느리게 느낄 것이다. 미국의 심리학자 **허드슨 호글랜드**는 고열 상태의 독감 환자에게서 같은 결과를 얻었다고 보고했다. 인간의 체내에서는 체온 조절처럼 체내에서 다양한 화학 반응이 일어난다. 생명 유지에 관여하는 화학 반응을 '대사(代謝)'라고 한다. 일반적으로 대사가 활발해지면 체온이 오른다. 호글랜드에 따르면, 대사가 활발해지면 심리적 시간의 흐름이 빨라져, 실제 시간의 흐름이 느리다고 느낀다.

이는 다양한 상황에서의 심리적 시간을 설명해 준다. 가령 아침에는 시간이 순식간에 지나갔다고 느낀 적이 있을 것이다. 이것은 아침에 일어난 직후는 체온이 낮아 대사가 느리기 때문이다. 즉 심리적 시간의 흐름은 느려지는 데 반해 물리적 시간의 흐름은 변하지 않기 때문에, 아침에 실제 시간이 빠르게 흐른다고 느낀 것이다. 또한 여름보다 겨울에 시간이 빠르게 흐르는 것처럼 느낀다. 이는 여름보다 겨울에 ⓐ 반해 물리적 시간의 흐름은 변하지 않기 때문이다. 또 어른보다 어린이가 일반적으로 대사가 빠르다. 이를 통해 어린이가 어른보다 시간의 흐름을 더 느리게 느끼는 것을 이해할 수 있다.

01 이 글을 이해한 내용으로 적절한 것만을 〈보기〉에서 모두 고르면?

<보기>
ⓐ 심리적 시간은 물리적 시간보다 짧거나 길 수 있다.
ⓑ 이치가와는 자네와 달리 나이가 들수록 심리적 시간이 느려진다고 주장한다.
ⓒ 일반적으로 성인보다 어린이가 동일한 물리적 시간을 더 길게 느낀다는 데에 자네와 호글랜드는 모두 동의한다.

① ⓐ, ⓑ
② ⓐ, ⓒ
③ ⓑ, ⓒ
④ ⓐ, ⓑ, ⓒ

02 Ⓐ에 들어갈 말로 가장 적절한 것은?

① 대사의 흐름이 빨라 심리적 시간의 흐름은 빨라지는 데
② 대사의 흐름이 빨라 심리적 시간의 흐름은 느려지는 데
③ 대사의 흐름이 느려 심리적 시간의 흐름은 느려지는 데
④ 대사의 흐름이 느려 심리적 시간의 흐름은 빨라지는 데

03 이 글에 대해 평가한 내용으로 가장 적절한 것은?

① 청년기에 비해 청소년기와 노년기에 시간이 상대적으로 느리게 느껴진다는 증거가 발견되면, 자네의 주장은 강화될 것이다.
② 다양한 외부 자극이 주어졌을 때 나이가 많은 사람이 적은 사람에 비해 물리적 시간이 빠르게 흐른다고 느낀다면, 이치가와의 주장은 약화될 것이다.
③ 체온은 신경 활동 수준에 영향을 미치는 중대한 요소라는 것이 밝혀진다면, 신경 과학적 관점은 약화될 것이다.
④ 실제 시간이 60초가 되지 않았음에도 고열 환자들은 60초가 지났다고 느꼈다면, 호글랜드의 주장은 강화될 것이다.

04 ㉠~㉣ 중 문맥상 ㉮에 해당하는 의미로 사용되지 않은 것은?

① ㉠   ② ㉡
③ ㉢   ④ ㉣

이 글을 한 문단으로 요약하시오.

◆ 다양한 견해에 나오는 '심리적 시간'의 차이를 이해해 보자.

자네	나이가 많아지면 심리적 시간이 짧아짐.	
이치가와	나이가 많아지면 심리적 시간이 느려짐.	나이가 많을수록 실제 시간이 빠르다고 느낌.
호글랜드	나이가 많아지면 대사가 느려져 심리적 시간이 느려짐.	

요약문

물리적 시간은 시계가 재는 객관적 시간의 길이이고, 심리적 시간은 인간이 주관적으로 느끼는 시간의 길이인데, 이 둘이 반드시 일치하는 것은 아니다. 피에르 자네는 심리적 시간은 나이에 반비례한다고 주장했다. 이치가와 마코토 교수는 실험을 통해 나이가 들수록 심리적 시간이 느려져 실제 시간이 빨리 흐른다고 느끼는 사실을 증명해 냈다. 한편 허드슨 호글랜드는 뇌에서 '펄스'라는 일정한 신경 신호의 축적량이 심리적 시간에 대응한다는 가설을 바탕으로, 대사가 활발해지면 펄스가 빠르게 축적되어 심리적 흐름이 빨라져 실제 시간의 흐름을 느리게 느낀다고 주장했다. 이는 다양한 상황에서의 심리적 시간을 잘 설명해 준다.

독해야 산다 1일 1독

📖 소요 시간   분   초
⌛ 맞힌 갯수   /4

NO. 23

🔍 **독해 포인트**
◆ 중국의 딥시크 개발상의 특징과 그 의의를 살펴보자.
◆ 유전자의 진화 과정을 통해 인공 지능이 진화하기 위해 필요한 요소를 설명하고 있는 글이다.

　미국의 오픈 AI에서 개발한 대화형 인공 지능인 챗지피티가 등장한 이후, 미국이 인공 지능 생태계를 지배하고 있다. 인공 지능을 만들기 위해서는 두뇌와 학습이 필요한데, 전자는 심층 신경망이고, 후자는 심층 신경망 내부 연결을 데이터로 다듬는 과정이다. 인공 지능을 똑똑하게 하려면 심층 신경망을 키우고 학습을 많이 시키면 된다. 이 모든 것은 컴퓨터 하드웨어가 결정하며, 하드웨어의 제작에는 천문학적 자금이 투자된다. 이제 똑똑한 인공 지능 개발은 머니 게임이다. 그런데 문제는 하드웨어 투입으로 얻는 지능의 상승 폭이 점점 줄어든다는 것이다. 이러한 상황에서 중국에서 개발한 대화형 인공 지능인 딥시크가 등장해 미국에 충격을 주었다.

　미국은 자국 기업의 최신 하드웨어가 중국으로 수출되는 것을 금지하고 있었다. 그런데 중국에서 성능과 용량이 뒤떨어지는 이전 세대의 낡은 하드웨어로, 챗지피티에 필적❶하는 딥시크를 만든 것이다. 심지어 딥시크 개발진은 프로그램 소스를 투명하게 공개했다. 미국 기업이 숨기던 장사 밑천을 오픈한 것이다. 이처럼 인공 지능 생태계를 열린 개발 환경으로 전환하는 것이 딥시크 충격파의 핵심이다. 공개 개발을 통해 성장한 미국의 기업은 폐쇄 개발로 돌아서고, 폐쇄 개발로 따라가던 중국 기업은 공개 개발을 선택하는 아이러니가 벌어지고 있다.

　A는 정보가 경쟁으로 진화한다고 주장한다. 과학 정보는 가설로 구현되어 학문 생태계에서 경쟁을 벌이고, 기술 정보는 상품으로 구현되어 시장 생태계에서 경쟁을 벌이게 된다는 것이다. 그에 따르면, 모든 정보 진화의 원형은 유전 정보의 진화다. 유전자에 담긴 생명 정보는 생물로 구현돼 자연 생태계에서 경쟁을 벌인다. 환경이 지속되면 최적으로 진화한 생물 종이 생태계를 지배한다. 하지만 새로운 환경이 닥치면 기존의 승리 공식은 더 이상 통하지 않는다. 중생대는 거대 공룡이 생태계를 지배했지만 유카탄 반도에 운석이 떨어져 태양이 수만 년 동안 약해지자, 거대 공룡은 죽고 대신 공룡에 억눌려 있던 작고 약한 생물은 살아남는다. 척박한 환경에서 생존하며 환경 변화를 이겨낼 다양성을 획득했기 때문이다. 다시 태양이 뜨자 살아남은 포유류는 생태계의 새로운 지배자가 된다. A는 이런 운명의 교차가 끝없이 반복되는 것이 진화라고 말한다.

　인공 지능도 마찬가지다. 인공 지능의 진화가 일어나려면 환경 변화와 다양성이 필수이다. 연구 생태계 환경의 변화에는 연구비가 가장 큰 비중을 차지한다. 연구비를 움직이는 것은 대중의 관심이다. 대중의 관심이 올라가면 연구비가 풍부한 해빙기를, 대중이 관심이 없거나 실망하면 혹독한 빙하기를 부른다. 대중의 관심이 없는 상황에서 소수의 연구자들은 ⓐ 를 겪으며 다양한 아이디어로 새로운 돌파구를 찾아낸다. 그 결과 가시적 인공 지능이 구현되면 대중의 관심이 올라가면서 ⓑ 가 찾아온다. 그러다 ⓒ 를 이끈 아이디어의 한계가 오면, 기대는 순식간에 실망으로 변한다. 그럼 다시 ⓓ 로 들어간다. 이처럼 냉탕과 온탕을 오가는 연구 환경 변화는 개별 연구자에게 괴로운 일이다. 하지만 전체 인공 지능 생태계의 진화를 위해서 환경 변화는 필수다. 또한 인공 지능 생태계의 다양성은 젊은 연구자들의 싱싱한 머리에 들어 있다. 중국은 인공 지능 분야에

❶ 필적(匹敵)
능력이나 세력이 엇비슷하여 서로 맞섬.

연구비를 집중 투자하는 한편, 개발 경험이 2년 이하인 젊은 개발자들만을 선발해 딥시크를 개발했다. 이러한 내용들을 고려할 때, 인공 지능 패권 경쟁의 변방으로 밀려난 우리나라가 다시 중심으로 나아가기 위해서 ㉠해야 할 일들이 명확해진다.

01 이 글에서 추론한 내용으로 가장 적절한 것은?

① 오픈 AI는 폐쇄 개발에서 공개 개발로 전환한 끝에 챗지피티를 만들어 낼 수 있었다.
② 딥시크의 하드웨어는 챗지피티의 하드웨어보다 성능이 뛰어나다.
③ 중국은 딥시크를 개발하여 폐쇄되어 있던 인공 지능 생태계를 변화시켰다.
④ 컴퓨터 하드웨어의 성능이 좋아질수록 인공 지능의 학습량은 기하급수적으로 늘어난다.

02 'A'의 주장에 대한 평가로 적절한 것만을 〈보기〉에서 모두 고르면?

〈보기〉
㉮ 대부분의 기술 진화가 기업 간 경쟁보다는 협업을 통해 이루어졌음이 밝혀진다면, A의 주장은 약화된다.
㉯ 기존의 학문 이론들이 환경 변화에 따라 폐기되고 새로운 이론들이 주류로 떠오른 경우가 추가된다면, A의 주장은 강화된다.
㉰ 환경 변화가 있어도 기존 강자가 여전히 독점적 지위를 유지하는 디지털 플랫폼 시장의 사례가 추가된다면, A의 주장은 약화된다.

① ㉮, ㉯
② ㉮, ㉰
③ ㉯, ㉰
④ ㉮, ㉯, ㉰

03 ㉠의 내용으로 적절하지 않은 것은?

① 정부는 인공 지능 기술에 대한 국민적 관심을 높일 수 있는 전략을 마련해야 한다.
② 국내 인공 지능 기술의 세계적 위상을 알리기 위해 국제 컨퍼런스 유치에 집중해야 한다.
③ 젊은 개발자들을 적극적으로 발굴하고 그들이 안정적인 환경에서 연구를 이어갈 수 있도록 체계적으로 육성해야 한다.
④ 대중의 관심이 떨어지는 시기에도 소수 연구자들이 아이디어를 계속 발전시킬 수 있도록 지속적으로 투자해야 한다.

04 이 글의 ⓐ~ⓓ에 들어갈 말을 적절하게 나열한 것은?

	ⓐ	ⓑ	ⓒ	ⓓ
①	빙하기	해빙기	해빙기	빙하기
②	빙하기	빙하기	해빙기	해빙기
③	해빙기	해빙기	빙하기	빙하기
④	해빙기	빙하기	해빙기	빙하기

이 글을 한 문단으로 요약하시오.

◆ 내용 추론 문제는 대부분의 선택지를 내용 일치 여부로 판단할 수 있다. 또한 추론을 요구하는 몇 개의 선택지를 판단할 때는 글의 논지에서 벗어나지 않는 범위에서 추론해야 한다.

요약문

미국은 챗지피티 개발로 인공 지능 생태계를 지배하고 있었다. 그러나 미국의 하드웨어 수출 금지 제재에도 불구하고 중국이 딥시크를 개발하자 충격을 받는다. 심지어 중국은 미국과 달리 딥시크 프로그램 소스를 투명하게 공개해 인공 지능 생태계의 환경을 전환시켰다. A에 따르면, 모든 정보는 유전 정보와 마찬가지로 경쟁으로 진화한다. 그리고 환경이 변화하면 기존에 생태계를 지배하던 종이 죽고 다양성을 획득한 새로운 종이 새로운 지배자가 되듯이, 인공 지능도 진화하려면 환경 변화와 다양성이 필수이다. 인공 지능 패권 경쟁의 변방으로 밀려난 우리나라도 환경 변화와 다양성 확보에 힘써야 한다.

독해야 산다 1일 1독 — NO. 24

독해 포인트
- '진화 생물학', '사회 다윈주의', '사회 생물학' 등에서 제시하는 주장과 근거를 비교하면서 읽어 보자.
- '충분조건, 필요조건, 필요충분조건'의 개념을 유전자 a와 표현형 P의 관계에 적용해 보자.

    찰스 다윈은 현대 진화 생물학의 기틀을 마련했다. 그러나 제2차 세계 대전 때, 사회 다윈주의자들은 그의 이론을 나치의 인종 정책에 이용했다. ㉠이들이 보기엔 인간 사회는 자연과 같이 생존 경쟁의 장이었고 경쟁에서 이긴 자만이 '자연 선택'돼 사회가 더 나은 방향으로 '진보'하는 것이었다.
    하지만 ㉡이들이 이용했던 자연 선택 개념은 애초에 다윈이 의도한 바가 아니었다. 자연 선택은 특정 개체가 다른 개체를 짓밟고 일어서는 생존 경쟁의 형태로 일어나지 않는다. 자연 선택에 의한 진화란 철저하게 무작위적이고 맹목적인 '변화'일 뿐이다. 다윈을 비롯한 진화 생물학자들에 따르면, 개체들 간 '(돌연) 변이'가 존재해야 자연 선택이 일어날 수 있는데 변이의 발생 자체가 이미 순수한 우연이다. 따라서 ㉢이들은 사회 다윈주의자들과 달리 경쟁에서 이긴 자들만 자연 선택되는 것도 아니고, 진화가 언제나 더 나은 방향으로만 '진보'하는 것도 아니라고 주장한다. 또한 다윈은 그의 이론을 인간 사회에 적용시키는 데 매우 신중했다. 왜냐하면 모든 개체가 자신의 번식을 위해서 행동하도록 진화했다는 개체 중심적인 자신의 이론으로는 인간 사회의 '고귀한' 이타적 행위를 설명할 수 없었기 때문이다.
    그러나 1960~70년대에 이르러 진화 생물학이 '유전자의 관점'을 장착하자 사회 생물학이 태동한다. 이는 인간을 포함한 동물의 사회적 행동을 다윈의 이론에 입각해 연구하는 학문이다. 윌슨에 의해 본격적으로 논의되기 시작한 사회 생물학은 해밀턴의 포괄 적합도 이론을 이론적 토대로 두고 있다. 이 이론에 따르면 이타적 행동은 유전적으로 가까운 사이일수록 진화할 가능성이 높아진다. 유전자는 자신의 유전자를 직접 갖고 있는 개체뿐 아니라 계통적으로 동일한 유전자를 간접적으로 공유하고 있는 다른 개체(친척) 역시 고려해야 하므로 유전자에겐 자신의 보존을 위한 '이기적'인 행동이 인간에겐 '이타적' 행동으로 이어지는 것이다. 비혈연자들 간 이타주의는 '호혜적 이타주의'로 설명된다. 해밀턴의 작업에 기초해 로버트 트리버스가 입증한 호혜적 이타주의란 한 사람이 다른 사람에게 도움을 주고, 도움을 받은 자는 이를 기억해서 다시 호의를 제공하는 팃포탯(tit-for-tat) 전략의 이타주의이다.
    이처럼 개체 수준에서 설명할 수 없었던 이타적 행위가 자신의 복사체들을 퍼뜨리기 위한 '이기적' 유전자의 수준에서 설명 가능해졌다. 그런데 윌슨은 그의 저서인 《사회 생물학》에서 인간의 행동도 궁극적으로는 유전자의 불가피한 표현이기 때문에 인간의 제도, 종교, 문화, 도덕적 판단도 유전자의 생존과 번식을 위해 봉사한다는 다소 성급한 결론을 이끌어 낸다. 당연히 그를 포함한 사회 생물학자들은 엄청난 비난에 직면한다. 모든 것이 유전적으로 결정돼 있다면 무엇 때문에 이렇게 아웅다웅 살아 가냐는 것이다. 특히 르원틴, 스티븐 굴드 등이 속한 '사회 생물학 연구회'는 ㉣이들을 비판하는 데 앞장섰다.
    하지만 대부분의 사회 생물학자들은 ㉤이들의 비난과 같이 유전자 결정론자가 아니다. 유전자 결정론이란 인간의 모든 행동, 성격, 질병 및 기질은 유전자에 의해 인과적으로 결정된다는 것이다.

그러나 유전자는 유전 가능한 표현형(한 개체의 형태와 생리, 행동)을 표출한다고 여겨지는 염색체의 특정 양에 불과하며, 그 양을 정하는 유일한 방식은 없다. 유전자의 영향은 확률적일 뿐이지, 유전자와 그로 인한 표현형은 반드시 인과적인 것은 아니다. [　　　　　].
즉 유전자 a와 표현형 P는 필요충분조건 관계가 아닌 것이다.

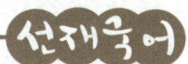

01 이 글을 이해한 내용으로 적절하지 않은 것은?

① 다윈과 달리 사회 생물학은 유전적 관점에서 인간의 이타적 행위를 설명할 수 있었다.
② 진화 생물학자들에 따르면 개체의 변이는 자연 선택이 일어나기 위한 전제 조건이다.
③ 사회 생물학 연구회는 유전자 결정론을 제시한 윌슨의 의견에 동의했다.
④ 사회 생물학과 사회 다윈주의자는 모두 다윈의 이론을 이용하였다.

02 이 글에 대한 평가로 적절한 것만을 〈보기〉에서 모두 고르면?

> **보기**
> ㉮ 유전자가 다른 사람들은 동일한 상황에서 다양한 반응이 나타났으나 유전자가 비슷한 사람들은 동일한 상황에서 동일한 반응을 보인다는 사실이 밝혀지면, 윌슨의 주장은 강화된다.
> ㉯ 진화가 생물에게 유익하지 않은 방향으로 작용한 사례가 추가된다면, 진화 생물학자들의 주장은 약화된다.
> ㉰ 침팬지가 과거에 자신의 털을 손질해 준 비혈연 개체에게 먹이를 더 자주 나누어 준다는 경향이 관찰된다면, 트리버스의 주장은 강화된다.

① ㉮, ㉯　　　　　　　　　　　② ㉮, ㉰
③ ㉯, ㉰　　　　　　　　　　　④ ㉮, ㉯, ㉰

03 빈칸에 들어갈 말로 가장 적절한 것은?

① 유전자 a가 있으면 표현형 P가 반드시 나타나며, 표현형 P가 나타났다면 유전자 a가 반드시 있다
② 유전자 a가 없다면 표현형 P도 반드시 나타나지 않으며, 표현형 P가 나타나지 않았다면 유전자 a도 반드시 없다
③ 유전자 a가 있다고 해서 표현형 P가 반드시 나타난다고 볼 수는 없지만, 표현형 P가 나타나지 않았다면 유전자 a가 없다고 확신할 수 있다
④ 유전자 a가 있다고 해서 표현형 P가 반드시 나타난다고 볼 수도 없고, 유전자 a가 없다고 해서 표현형 P가 반드시 나타나지 않는다고 볼 수도 없다

04 문맥상 ㉠~㉤ 중 지시 대상이 동일한 것을 모두 찾아 바르게 묶은 것은?

① ㉠, ㉡
② ㉡, ㉣
③ ㉠, ㉡, ㉢
④ ㉢, ㉣, ㉤

이 글을 한 문단으로 요약하시오.

문제 포인트

♦ 유전자 a가 있으면 표현형 P가 반드시 나타나며, 표현형 P가 나타났다면 유전자 a가 반드시 있다.

→ (유전자 a → 표현형 P) ∧ (표현형 P → 유전자 a)

♦ 유전자 a가 없다면 표현형 P도 반드시 나타나지 않으며, 표현형 P가 나타나지 않았다면 유전자 a도 반드시 없다.

→ (~유전자 a → ~표현형 P) ∧ (~표현형 P → ~유전자 a)
→ (표현형 P → 유전자 a) ∧ (유전자 a → 표현형 P)   [대우 규칙]
→ (유전자 a → 표현형 P) ∧ (표현형 P → 유전자 a)   [교환 법칙]

요약문

사회 다윈주의자들은 찰스 다윈의 이론을 이용해 경쟁에서 이긴 자만이 자연 선택돼 사회가 더 나은 방향으로 진보한다고 주장했다. 하지만 진화 생물학자들에 따르면, 경쟁에서 이긴 자만이 자연 선택되는 것도 아니고, 진화가 더 나은 방향으로만 진보하는 것도 아니다. 이러한 진화 생물학에서 태동한 사회 생물학은 진화 생물학으로 설명할 수 없었던 개체의 이타적 행위를 설명했다. 이에 따르면, 이타적 행동은 유전자 보존을 위한 유전자의 이기적 행동으로 인해 나타난 것이다. 사회 생물학을 본격적으로 논의한 윌슨은 유전자가 모든 것을 결정한다는 성급한 결론을 내세워 많은 이들에게 비판을 받았으나, 대부분의 사회 생물학자들은 유전자와 유전 가능한 표현형은 필요충분조건 관계가 아니라고 본다.

독해 포인트

◆ 반박과 재반박이 반복되는 구조의 글이다.
◆ 대조적 견해를 바탕으로 글쓴이가 최종적으로 말하고자 하는 바를 파악해 보자.

　좋은 사회를 어떻게 이룰 수 있을지는 인류의 영원한 과제이다. 철학자들은 사람들의 덕성을 고양하고 도덕 감정을 북돋우는 것만이 그 방법이라고 믿었다. 반면 애덤 스미스를 필두❶로 한 경제학자들은 사유 재산권과 경쟁적인 시장이 갖추어지면 도덕에 의존하지 않고 자신의 이익에만 관심을 기울이더라도 가격과 인센티브의 작동을 통해 사회 전체의 이익이 달성되는 비전을 제시했다. 인센티브는 어떤 행동을 하도록 사람을 부추기는 것을 목적으로 하는 자극을 의미한다.

　경제학자들은 기업의 환경 보호 사례를 들어 자신들의 주장을 뒷받침한다. 이를테면 도덕적 호소로는 기업의 환경 보호는 실천될 수 없었다. 이에 따라 여러 국가들은 탄소 배출권 거래제를 도입해 기업에 배출할 수 있는 탄소량을 할당하고, 남거나 부족한 배출권을 시장에서 가격을 통해 사고팔 수 있도록 했다. 그 결과, 기업들은 자체적으로 배출을 줄이거나 효율을 개선하려는 유인을 갖게 되었고, 도덕적 호소 없이도 전체 탄소 배출량을 효과적으로 줄이는 성과를 얻었다.

　그러나 마이클 샌델은 이스라엘의 어린이집 사례를 통해 경제학자들이 제시한 비전의 문제점을 추궁한다. 이 사례에서 아이를 찾으러 늦게 오는 부모들에게 ⊙ 소액의 벌금을 매겼는데, 이를 '요금'으로 받아들여 늦게 오는 사람이 오히려 더 늘어났고, 벌금 제도를 폐지한 뒤에도 고쳐지지 않았다. 이를 통해 샌델은 인센티브가 공감·정의·이타심과 같은 우리의 도덕 감정을 몰아내고 사회적 규범을 훼손한다고 주장했다. 이것은 또한 시장 원리가 가치와 규범의 타락을 재촉한 끝에 사회를 각자도생하는 '사막'으로 변질시킬 위험을 경고하는 사례로도 널리 회자되었다.

　그러나 인센티브가 성공을 거둔 경우도 있다. 2002년 아일랜드에서는 비닐 쇼핑백 사용에 ⓒ 세금을 부과해 그 사용이 94%나 줄었다고 한다. 새뮤얼 볼스는 이 두 사례의 차이를 도덕적 메시지 유무에서 찾는다. 전자의 경우 벌금만 도입했을 뿐 그 징벌의 정당화가 없었기에 지각은 옳고 그름의 도덕적 문제가 아니라 벌금으로 구매할 수 있는 ⓒ 새로운 서비스로 여겨졌다. 반면 아일랜드에서는 ⓔ 부과금 시행 전에 비닐의 유해성을 알리는 공론화 과정을 거침으로써 그것이 비도덕적 행위임을 명확히 했던 것이다.

　실제로 실험 경제학의 연구들을 보면, 인센티브와 메시지를 어떻게 배합하는가에 따라 결과는 확연히 달라졌다. 어린이집의 사례에서 벌금 제도의 도입과 함께 시간 엄수가 왜 중요하고 지각이 왜 부끄러운 일인지를 분명히 인지시키는 공론화 과정이 병행되었다면 지각은 확실히 줄어들었을 것이다. 그리고 "늦는 것은 나쁘다."라는 도덕적 메시지만 제시되는 것보다는 이러한 호소에 벌금이 더해졌을 때 도덕적 메시지의 효과가 한층 강화된다는 점도 강조하고 싶다.

　이러한 내용들을 종합하면, 도덕으로 ⓐ 좋은 사회를 만들 수 없다는 경제학자들의 문제 제기는 옳았다. 동시에 도덕의 도움 없이 가격과 인센티브만으로 좋은 사회를 만들 수 있다는 ⓑ 그들의 주장은 옳지 않았다. 또한 좋은 사회를 이루는 데 ⓒ 도덕이 요구된다는 철학자들의 통찰은 옳았지만, 잘 설계된 인센티브가 ⓓ 도덕 감정을 오히려 훼손할 수 있다는 점은 간과되었다.

❶ **필두(筆頭)**
붓의 끝 / 나열하여 적거나 말할 때의 맨 처음에 오는 사람이나 단체 / 단체나 동아리의 주장이 되는 사람

01 이 글의 중심 내용으로 가장 적절한 것은?

① 좋은 사회를 이루려면 사람들의 도덕 감정을 북돋아야만 한다.
② 인센티브와 도덕적 메시지의 결합이 바람직한 사회적 행동에 중요한 영향을 미친다.
③ 가격과 인센티브가 사회 전체의 이익을 달성할 수 있다는 경제학자들의 견해는 잘못되었다.
④ 인센티브는 사회에 긍정적 영향과 부정적 영향을 모두 미치므로 적절한 수준으로 제시되어야 한다.

02 〈보기〉의 ㉮~㉰ 중, 이 글에 대한 평가로 적절하지 않은 것은?

> **보기**
> ㉮ 직원들에게 인센티브를 제공한 결과 직원들의 업무 효율이 크게 향상되었다면, 샌델의 입장은 강화된다.
> ㉯ 인간이 도덕적 법칙에 따라 행동하면 사회는 정의로운 방향으로 발전한다는 견해가 추가되면, 철학자들의 입장은 강화된다.
> ㉰ 쓰레기를 분리수거하지 않으면 벌금을 부과하는 제도를 도입한 후 쓰레기를 분리하지 않고 버리는 일이 늘어났다면, 경제학자들의 입장은 약화된다.
> ㉱ 인센티브가 성공하는지 실패하는지의 차이는 그 인센티브 뒤에 깔린 도덕적 메시지가 중요한 역할을 한다면, 볼스의 입장은 강화된다.

① ㉮
② ㉯
③ ㉰
④ ㉱

03 이 글의 ⓐ~ⓓ 중 어색한 곳을 찾아 가장 적절하게 수정한 것은?

① ⓐ: 좋은 사회를 만들 수 있다는
② ⓑ: 그들의 주장도 옳았다
③ ⓒ: 도덕이 필요 없다는
④ ⓓ: 도덕 감정을 오히려 고양할 수 있다는

04 문맥상 ㉠~㉣ 중 의미하는 바가 가장 다른 하나는?

① ㉠ ② ㉡
③ ㉢ ④ ㉣

이 글을 한 문단으로 요약하시오.

문제 포인트

♦ 인센티브와 도덕(적 메세지)을 둘러싼 학자들의 의견을 구분하는 것이 모든 문제의 핵심이다.

철학자들	도덕 강조
경제학자들	인센티브 강조
마이클 샌델	인센티브 비판
새뮤얼 볼스	도덕 + 인센티브 강조

요약문

철학자들은 도덕 감정을 북돋우면 좋은 사회를 이룰 수 있다고 했지만, 경제학자들은 도덕이 아닌 가격과 인센티브의 작동을 통해 좋은 사회를 이룰 수 있다고 보았다. 기업의 환경 보호 사례는 경제학자들의 주장을 뒷받침한다. 하지만 마이클 샌델은 이스라엘의 어린이집 사례를 들어 인센티브가 도덕 감정을 몰아내고 사회적 규범을 훼손한다고 주장했다. 그러나 아일랜드의 경우 비닐 쇼핑백 사용에 부여한 인센티브가 성공을 하였는데, 이를 바탕으로 새뮤얼 볼스는 인센티브의 성공 유무가 도덕적 메시지 유무에 따라 갈린다고 주장했다. 즉 인센티브와 메시지를 어떻게 배합하는가에 따라 결과가 달라진다는 것이다. 결국 좋은 사회를 이루기 위한 경제학자들과 철학자들의 주장에는 각각 한계가 있었던 것이다.

독해야 산다 1일 1독 NO. 26

독해 포인트
- '실재론 vs 온건 실재론 vs 유명론'의 차이점에 주목하자.
- '보편자'와 '개별자'의 우위 변화를 통시적으로 정리해 보자.

    보편과 개체 중 우선하는 것은 무엇인가? 소위 '보편 논쟁'이 직접적으로 촉발한 시기는 중세 시대이다. 보편자가 있느냐 없느냐의 물음에서 촉발된 논쟁이었다. 보편자란 개별체들을 공통의 특성으로 묶는 상위 개념이다. 보편자 문제가 논쟁이 되는 것은 단순히 보편자의 유무나 보편자와 개별자의 우열보다는 보편자가 함의하고 있는 종교적·정치적 문제 때문이었다. 보편자, 즉 신의 존재를 인정하느냐 마느냐에 기독교 신앙과 원죄론, 삼위일체, 그리고 로마 교황청의 권력까지 걸려 있었던 것이다. 그래서 교회, 그리고 교회와 권력을 나눠 가진 기득권에서는 '보편자가 실재하고, 보편자는 사물(개별자)에 앞선다.'라고 주장해야만 했다. ㉠ 이들의 주장을 ㉮ 실재론이라고 한다. 실재론은 플라톤의 이데아론에 뿌리를 두고 있다. 이데아론은 기독교 사상으로 발전하면서 이데아는 신으로 승화하게 된다.

    실재론에 이견이 생긴 것은 그리스에서 유실된 아리스토텔레스 사상이 이슬람권에서 분리 발전하다가 이슬람 문화의 유입으로 유럽으로 다시 들어오면서부터다. 아리스토텔레스는 스승인 플라톤의 이데아론을 받아들이면서도 지각할 수 없는 먼 이상, 즉 이데아의 세계가 아니라 발 딛고 있는 현실 세계, 즉 사물을 더 중요하게 여겼으며, 이를 인간의 지성과 이성으로 탐구해야 한다고 주장했다. 그의 사상을 이어받은 후대 학자들 또한 실재론을 인정하면서도 완전히 긍정하진 않았다. 이들은 '보편자는 실재하지만, 보편은 사물 안에 존재한다.'라고 주장했다. 이러한 입장을 ㉯ 온건 실재론이라고 하며, 아벨라르가 대표적인 온건 실재론자이다.

    이들의 주장은 11세기 들어 상업이 발달하고 도시화가 진행되면서 지방에 교회들이 많아짐에 따라 더 강력해졌다. 하느님은 어디에나 계시는 보편자이신데, 왜 로마 교회만이 보편(대표) 교회가 될 수 있는가, 개별 교회도 보편 교회일 수 있다고 지방 교회들은 주장했다. 로마 교회에서는 ㉡ 이들의 주장을 부정할 수만도 없었다. 보편자의 보편성을 부정하는 것은 곧 신을 부정하는 것이고, 실재론을 부정하면 이들에게 권력 또한 흔들리기 때문이다.

    그러다 11세기경 제3의 주장인 ㉰ 유명론이 제기되었다. 이 주장은 프랑스의 스콜라 철학자인 로스켈리누스에 의해 처음 제기되었다. 그는 보편자라는 전제 자체를 부정했다. 그것은 단지 이름이고 소리의 떨림에 지나지 않는다고 주장했다. '보편은 명칭이고, 보편은 사물 다음에 존재한다.'라는 것이 그의 입장이었다. 유명론자들은 보편자가 사물에 앞선다고 주장한 ㉢ 이들과 달리 보편자보다는 개별적인 존재와 사물에 관심을 두고, 정신이 인지할 수 있는 유일한 실체는 감각에 의해 체험되는 구체적인 개개의 사물일 뿐이라는 경험론적 인식론을 지지했다. 유명론들의 이러한 사상은 기독교가 지배하고 있던 중세 시대에는 급진적이고 혁명적인 사상이었다. 실제로 ㉣ 이들은 기독교의 교리를 거부하고 신 중심에서 인간 중심의 휴머니즘으로, 천상에서 지상의 사물 중심의 자연주의로 사상을 발전시켰다. ⓐ 신학과 철학의 통합을 시도한 것이다.

❶ **흥망성쇠(興亡盛衰)**
흥하고 망함과 성하고 쇠함.

이렇듯 보편 논쟁은 고대 철학에서 중세 철학으로의 이동과 당시의 정치 상황 등을 담고 있는 논쟁사이다. 플라톤에서 시작된 이데아론은 ⓑ <u>같은 노선을 밟은 아리스토텔레스에 의해 강화되었</u>고 두 노선은 각각 실재론과 유명론이라는 서로 다른 갈래를 만들어 냈다. 실재론의 운명은 ⓒ <u>실재론을 받아들인 기독교의 흥망성쇠</u>❶와 함께 달라졌다. 반면 유명론은 종교의 시대로 대변되는 중세 말기에 ⓓ <u>보편자인 신을 강조하는</u> 르네상스와 계몽주의 시대를 열었다.

01 이 글에서 추론한 내용으로 적절하지 않은 것은?
① 아리스토텔레스의 사상은 플라톤의 이데아론을 거부하여 그리스에서 유실되었다.
② 아벨라르에 따르면, 로마 교회와 지방 교회는 모두 보편자가 될 수 있다.
③ 아리스토텔레스와 로스켈리누스는 보편자보다 개별자를 더 중시했을 것이다.
④ 유명론자들은 종교의 시대인 중세 시대에 핍박받았을 것이다.

02 ㉠~㉣ 중 문맥상 지시 대상이 동일한 것끼리 묶인 것은?
① ㉠, ㉡
② ㉠, ㉢
③ ㉡, ㉣
④ ㉢, ㉣

03 이 글의 ⓐ~ⓓ 중 어색한 곳을 바르게 수정하지 않은 것은?
① ⓐ는 '신학과 철학의 분리를 시도한 것이다'로 수정한다.
② ⓑ는 '다른 노선을 밟은 아리스토텔레스에 의해 약화되었고'로 수정한다.
③ ⓒ는 '실재론을 거부한'으로 수정한다.
④ ⓓ는 '개별자인 사람'으로 수정한다.

04 갑~병의 주장을 분석한 내용으로 적절한 것만을 〈보기〉에서 모두 고르면?

> **보기**
> ㉮ 보편자의 실재에 대한 갑의 주장과 을의 주장은 양립이 가능하다.
> ㉯ 보편자와 개별자의 우위에 대한 갑의 주장과 병의 주장은 양립이 불가능하다.
> ㉰ 개별자의 실재에 대한 을의 주장과 병의 주장은 양립이 가능하다.

① ㉮, ㉯ ② ㉮, ㉰
③ ㉯, ㉰ ④ ㉮, ㉯, ㉰

이 글을 한 문단으로 요약하시오.

- 문제 포인트

♦ 어구의 적절성은 일반적으로 앞뒤 문맥을 통해 파악할 수 있다.

♦ 이 글의 마지막 문단은 앞에 나온 내용들을 요약한 것이다. 따라서 어구의 적절성은 앞 문단에서 파악할 수 있다.

요약문

중세 시대 때는 종교·정치적 문제로 인해 보편자가 실재하고 보편자가 개별자에 앞선다는 실재론이 발전하였다. 그러나 이슬람 문화의 유입으로 아리스토텔레스 사상이 다시 유럽으로 들어오면서부터 온건 실재론이 대두되었다. 이는 보편자는 실재하지만, 보편은 사물 안에 존재한다는 주장이다. 이 주장은 11세기 들어 더 강력해지다가 11세기경 유명론이 제기되었다. 유명론자들은 보편은 개별자 다음에 존재한다고 주장하였다. 이러한 보편 논쟁은 고대 철학에서 중세 철학으로의 이동과 당시의 정치 상황 등을 담고 있는 논쟁사이다.

독해야 산다 1일 1독   NO. 27

- 소요 시간 　분　초
- 맞힌 갯수 　/4

독해 포인트
◆ 집회 참석 인원을 계산하는 다양한 방식을 이해하고, 방식 간의 공통점과 차이점을 비교하며 읽어 보자.
◆ 집회의 유동 인구 계산 방법과 패스트푸드점의 총 방문 인원 계산 방법에서 대응하는 사항을 도식화하여 메모하자.

    집회에서 나타나는 갈등 중 하나는 '추산 인원 차이'이다. 주최 측과 경찰에서 추산한 집회 참석 인원에 늘 간극이 존재하기 때문이다. 그 원인은 집계 방식의 차이에 있다.
    군중을 추산하는 데는 빈도와 밀도라는 기준이 필요하다. 집회 주최 측은 둘 중 빈도에 집중해서 추산한다. 집회에서 말하는 빈도란 '군중에 얼마나 많은 인원이 유입되고 도중에 유출됐는지'를 뜻한다. 주최 측은 집회의 영향력 극대화와 세력 과시를 위해 집회 시작부터 끝까지 들어온 사람들을 모두 포함해 총 참가 인원을 계산하는 방식을 취한다. 잠깐 들렀다 간 인원, 집회 장소를 벗어나 지하철에서 나오는 중이거나, 가두에서 참여하는 인원까지 합산하기도 한다.
    반면 경찰은 밀도를 중점으로 인원을 파악한다. 이때 밀도는 '군중이 공간에 얼마나 빽빽이 밀집돼 있는지'를 의미한다. ㉠ 이들은 '페르미 추정'을 활용해 집회 참가 인원을 산출하는데, 페르미 추정은 밀집한 군중처럼 정확한 데이터를 얻기 어려운 상황에서 간단한 논리적 근거를 바탕으로 대략적인 수치를 계산하는 방식이다. 우선 경찰은 집회가 열리는 장소의 가로·세로 길이를 측정해 전체 면적을 측정한다. 이후 단위 면적인 $1m^2$당 얼마나 많은 ㉡ 이들이 밀집돼 있는지를 계산한 후, 전체 면적에 따른 참가 인원을 계산한다. 가령 단위 면적당 3명이 밀집되어 있다면, 전체 면적인 10m×10m(총 $100m^2$) 구역에서 300명의 참가 인원을 추정하는 식이다. 다만 경찰은 밀도를 보수적으로 적용하므로 ㉢ 이들은 특정 시점의 정적인 인원을 기준으로 계산하며, 이동하는 사람이나 집회 시작 전후의 전체 참가 인원을 포함하지 않는다.
    그러나 **A 교수**는 어느 방법도 정확한 수치를 완벽히 반영하기에는 한계가 있음을 지적하며, 대규모 인원을 최대한 정확히 헤아리기 위해선 밀도와 빈도를 모두 고려해야 한다고 짚었다. 군중을 '고정 인구'와 '유동 인구' 두 측면으로 나눠 바라보면 어느 정도 해결될 것이라는 해석이다. 고정 인구는 군중의 중심에 있는 사람들이 차지한다. 고정 인구는 마치 지구의 내핵처럼 군중 내부를 단단하게 붙잡아주는 고체인 셈이다. ㉣ 이들은 페르미 추정 같이 단위 면적당 몇 명이 들어차 있는지를 어림잡고 전체 면적만 계산하면 인원을 헤아릴 수 있다. 즉 고정 인구는 군중의 밀도를 반영하는 집단이다. 문제는 유동 인구다. 군중 바깥쪽에서 들어오고 나가는 ㉤ 이들은 흐르는 유체처럼 고정돼 있지 않은 탓에 변동성이 생긴다. 이를 위해 A 교수는 '로지스틱 모델'을 제시했다. 이는 패스트푸드점의 '회전율'을 이용하는 방식이다. 회전율은 특정 시간 동안 한 테이블이 몇 번 사용되었는지를 의미한다.
    패스트푸드점의 회전율은 방문객의 체류 시간에 반비례한다. 열 개의 테이블이 비치된 패스트푸드점에서 방문객들의 식사가 평균적으로 30분 동안 진행된다고 할 때, 전체 영업시간을 10시간이라고 두고 30분(0.5시간)으로 나누면 회전율은 총 20회이다. 이제 이를 테이블 수와 곱하면 총 200팀이 방문했다고 추론할 수 있다. 테이블당 몇 명이 앉았는지에 대한 평균값을 구해 곱하면 총 방문 인원도 알 수 있다. 이는 밀도(한 테이블에 식사 중인 손님의 수)와 빈도(매장에 들어오고 나간

손님의 수)를 동시에 고려한 방법이다. 이를 집회에 적용한다면, '식사에 걸린 평균 시간'은 '집회에 참가한 평균 시간', '테이블 개수'는 '집회장의 면적', '영업시간'은 '집회 시간', '한 테이블당 앉은 손님'은 '집회 단위 면적당 밀집된 인원', '총 방문 인원'은 '유동 인구'에 해당한다. 이를 이용해 A 교수는 한 집회에 참여한 인원을 다음과 같이 추산했다.

　오후 1시부터 5시까지 예정됐던 여의도 공원의 한 집회 현장에서, 집회 구간은 가로 길이 약 500m에 세로 길이 약 20m(총 면적 1만m²)이었다. 최근 집회 추세에 따라 단위 면적인 1m²당 인원은 3명으로 한다. 따라서 고정 인구는 대략 ㉮ 이었다. 또한 현장에 있던 집회 참가자 1,000명의 체류 시간을 조사한 결과, 집회에 참가한 평균 시간은 2시간에 달했으므로 회전율은 ㉯ 인 셈이다. 따라서 이날 해당 집회의 유동 인구는 ㉰ 이라고 개략적으로 추정할 수 있었다.

01 이 글에 사용된 설명 방식으로 가장 적절한 것은?

① 중심 화제의 변화 과정을 통시적으로 서술하고 있다.
② 문제가 발생하는 원인을 단계적으로 설명하고 있다.
③ 다양한 방식을 나열하여 각 방식의 장단점을 비교·대조하고 있다.
④ 서로 다른 방식을 종합하여 새로운 문제 해결 방식을 제안하고 있다.

02 이 글에서 추론한 내용으로 적절하지 않은 것은?

① A 교수의 로지스틱 모델은 고정 인구가 아닌 유동 인구를 계산할 때 이용할 수 있다.
② 패스트푸드점 방문객의 체류 시간이 길어질수록 패스트푸드점의 회전율은 떨어진다.
③ A 교수는 고정 인구는 빈도를, 유동 인구는 밀도를 반영하여 집회 참석 인원을 추산했다.
④ 밀도에 집중할 때보다 빈도에 집중할 때 집회에 더 많은 인원이 참석했다고 추정할 것이다.

03 문맥상 ㉠~㉭ 중 지시 대상이 같은 것만으로 묶인 것은?

① ㉠, ㉡
② ㉠, ㉢
③ ㉢, ㉣
④ ㉣, ㉭

04 ㉠~㉢에 들어갈 말로 가장 적절한 것은?

	㉠	㉡	㉢		㉠	㉡	㉢
①	3만 명	2회	6만 명	②	3만 명	4회	12만 명
③	6만 명	2회	3만 명	④	6만 명	4회	12만 명

이 글을 한 문단으로 요약하시오.

문제 포인트

◆ A 교수의 집회 참석 인원 계산 방법은 다음과 같다.

고정 인구	페르미 추정	전체 면적 × 단위 면적($1m^2$)당 인원
유동 인구	로지스틱 모델	(집회 시간 ÷ 집회 참가 평균 시간) × 집회장 면적 × 단위 면적당 인원

요약문

주최 측과 경찰은 집계 방식에 차이가 있어서 그들이 추산한 집회 참석 인원이 서로 다르다. 군중을 추산하는 데는 빈도와 밀도라는 기준이 필요한데, 주최 측은 빈도에 집중하여 집회 시작부터 끝까지 들어온 사람들을 모두 포함해 추산한다. 반면 경찰은 밀도를 중점으로 한 페르미 추정을 활용하고 보수적으로 인원을 추산한다. 그러나 A 교수는 두 방식의 한계를 모두 지적하며, 밀도와 빈도를 모두 고려한 집회 참석 인원 계산법을 제시한다. 그는 고정 인구는 밀도를 활용하여 계산하고, 유동 인구는 밀도와 빈도를 동시에 고려한 로지스틱 모델을 활용해 집회 참석 인원을 계산하였다.

독해야 산다 1일 1독   NO. 28

독해 포인트
- 물음이 나오고, 이에 대한 답이 이어지는 자문자답형 구조이다.
- 대립하는 항목들의 특징을 잘 정리해 보자.

최근에 이르기까지 유가의 법사상에 관한 많은 부분이 왜곡 또는 오해되어 왔다. 유가가 중국 법사상사에서 차지해 온 위치는 기껏해야 법가의 반대 학파로 인식되거나, 아니면 법가의 법치주의에 반대해서 예치를 주장했던 것으로 알려져 왔다. 하지만 유가의 '예' 또한 행위 규범과 강제 규범의 성격을 동시에 지니고 있다는 점에서 법가의 '법'과 마찬가지로 당시 법으로서 기능하였다고 할 수 있다. 그렇다면 유가의 '예'는 법가의 '법'과는 어떻게 다른 것일까?

자연법과 실정법은 법의 본질과 근거를 달리하는 법체계로, ⊙ 전자는 인간의 본성이나 보편적 도덕에 근거하여 시대와 장소를 초월하는 불변의 법을 강조하는 반면, ⓒ 후자는 국가나 사회가 제정한 구체적 규범으로 사회적 맥락에 따라 변화할 수 있다. 실정법과 자연법에는 한계도 있다. ⓒ 전자는 명확하고 현실적인 규제로 법적 안정성을 제공하지만 도덕성을 결여한 법이 제정될 위험이 있는 반면, ⓔ 후자는 인권과 같은 보편적 원리를 통해 불의한 법을 비판할 수 있는 장점이 있지만 해석이 주관적일 수 있어 구체적 적용이 어렵다.

자연법주의자들은 '인간이 만든 법' 혹은 '실정법' 위에 이를 지도하는 보편적인 도덕 원리가 있다고 보고, 우주의 원리와 법칙이나 신의 섭리, 혹은 인간의 본성이나 도덕적 양심 등을 그 근거로 제시한다. 자연법주의자들은 자연법이 실정법을 초월하는 인류의 대도(大道)라고 보기 때문에, ⓜ 후자는 당연히 ⓑ 전자의 지도를 받아야 한다고 주장한다. 따라서 이들에 의하면, 실정법은 인간 본성의 구체화이므로 그 내용에 있어서 철저히 도덕적이지 않으면 안 된다.

그러나 법실증주의자들은 실정법을 초월하는 어떠한 초인간적 입법 원칙도 거부하고, 법이란 오직 군주 또는 주권자가 그의 권위에 복종하는 사람들을 대상으로 제정한 인간 규범이라고 본다. 따라서 법실증주의는 법과 도덕 사이에는 아무런 논리적 연관성이 없다고 본다. 자연법주의자가 도덕적 원칙이나 인간의 양심에서 벗어난 법은 법이 아니라고 보고, 모든 실정법은 항상 도덕의 지배를 받아야 한다고 주장하는 반면, 법실증주의자들은 법과 도덕의 엄격한 분리의 입장에서 극단적인 경우에는 악법도 법이라고 주장한다.

유가는 '예'의 근원을 천도(天道)와 인간의 본성에서 찾으려 하는 점에서, 그리고 '예'와 도덕의 일치를 확신하는 점에서, 자연법주의의 편에 선다. 유가 사상의 핵심을 계승한 A는 인간이 가진 도덕적 본성으로부터 '예'의 타당성을 도출해 낸다. 이러한 성격은 악법은 법이 아니고 또 나쁜 임금은 임금이 아니라고 보는 유가의 역성 혁명론에서 더욱 잘 나타난다. 아무리 천자라도 도덕적으로 용납받지 못할 폭군이라면 실정법을 어겨서라도 정권 교체를 해야 한다고 주장하는 것이다. 이와는 반대로 법가는 실정법은 어떠한 일이 있더라도 지켜져야 한다고 주장한다. 법가의 이론을 집대성한 B에 의하면, 탕(湯)이 폭군 걸(桀)을 쫓아내고 무(武)가 폭군 주(紂)를 토벌한 것은 임금과 신하 사이의 의리를 위반한 일이다. 법가에 의하면, 아무리 도덕적인 동기에서 나왔다 하더라도 그 행위가 실정법적 질서를 위반하는 것이라면 절대로 용납받을 수 없다는 것이다.

결국, 유가의 예치와 법가의 법치는 '도덕에 의한 통치 – 법에 의한 통치'의 구분이 아니라, '자연법주의에 입각한 법에 의한 통치 – 법실증주의에 입각한 법에 의한 통치'의 구분으로 보는 편이 타당하다.

01 이 글의 핵심 논지로 가장 적절한 것은?

① 유가의 '예'와 법가의 '법'은 각각 도덕과 법으로 구분할 수 있다.
② 유가의 '예'가 법가의 '법'보다 사상적으로 더 발전된 법사상이다.
③ 유가의 '예'와 법가의 '법'은 서로 상호 작용하여 그 당시 법체계를 형성하였다.
④ 유가의 '예'와 법가의 '법'은 모두 법으로서의 역할을 하지만 그 이념적 근거는 상이하였다.

02 A와 B의 주장을 분석한 내용으로 적절한 것만을 〈보기〉에서 모두 고르면?

<보기>
㉮ 실정법 자체를 지켜야 한다는 원칙에 대해 A의 주장과 B의 주장은 대립한다.
㉯ 부도덕한 군주의 존재 가능성에 대한 A의 주장과 B의 주장은 대립하지 않는다.
㉰ 사회의 변화에 따라 실정법은 개정할 수 있다는 데에 A의 주장과 B의 주장은 대립한다.

① ㉮, ㉯
② ㉮, ㉰
③ ㉯, ㉰
④ ㉮, ㉯, ㉰

03 이 글에 대한 평가로 적절한 것만을 〈보기〉에서 모두 고르면?

<보기>
ⓐ 법의 내용은 도덕적이어야만 한다는 견해는 자연법주의의 입장을 강화하고, 법실증주의의 입장을 약화한다.
ⓑ 독재 정권의 불의한 법에 항거해야 한다는 견해는 자연법주의의 입장을 강화하고, 법실증주의의 입장을 약화한다.
ⓒ 실정법을 넘어서는 보편적 법이 존재한다는 견해는 자연법주의의 입장을 약화하고, 법실증주의의 입장을 강화한다.

① ⓑ
② ⓐ, ⓑ
③ ⓐ, ⓒ
④ ⓐ, ⓑ, ⓒ

04 ㉠~㉥ 중에서 문맥적 의미가 동일한 것만으로 묶인 것은?

① ㉠, ㉢, ㉥
② ㉠, ㉣, ㉤
③ ㉡, ㉢, ㉤
④ ㉡, ㉣, ㉤

이 글을 한 문단으로 요약하시오.

◆ 대립하는 세 쌍의 개념을 서로 연결하는 것이 문제 풀이의 열쇠이다.

유가의 '예'		법가의 '법'
자연법	VS	실정법
자연법주의자		법실증주의자

요약문

유가의 '예'는 법가의 '법'과 마찬가지로 당시 법으로 기능했지만, 차이점도 있었다. 법의 본질과 근거를 기준으로 법체계는 자연법과 실정법으로 구분된다. 자연법주의자들은 실정법 위에 보편적 도덕 원리가 있다고 보고, 실정법은 도덕적이어야 한다고 주장한다. 반면 법실증주의자들은 실정법을 초월하는 법을 부정하고, 법과 도덕의 분리를 주장한다. 유가는 '예'의 근원을 도덕적 본성에서 찾는다는 점에서 자연법주의에, 법가는 실정법 수호를 강조한다는 점에서 법실증주의에 기반을 두고 있다.

살이 찌는 이유는 간단하다. 먹기는 많이 먹는 반면 먹는 것에 비해 에너지를 적게 소비하기 때문이다. 그렇다면 애초에 많이 먹는 이유는 무엇일까. 혹시 경제적 이유는 없을까.

A는 비만율이 높아진 이유를 수요의 원리로 설명했다. 재화 가격이 상승하면 수요량은 감소하고 가격이 하락하면 수요량은 증가한다는 것이 수요의 원리이다. 즉 ⓐ 식품 비용이 내려가 사람들이 과거보다 더 많이 먹게 됐다는 것이다. 경제학에서 말하는 비용은 ⓑ 돈 외에도 시간 또한 포함된다. 1965년 미국 전업주부는 식사 준비와 설거지에 하루 평균 137.7분을 썼다. 1995년 이 시간은 68.8분으로 줄었다. 식사 준비의 기회비용이 감소한 것이다. 오늘날 식사 준비에 필요한 시간은 더 짧아졌다. 밀키트, 배달 앱을 이용하면 근사한 식사가 차려지기 때문이다. 이런 변화로 사람들은 더 자주 먹게 됐다고 A는 분석했다. 한 끼에 먹는 식사량에는 큰 변화가 없지만 간식이나 야식을 먹게 돼 총 칼로리 섭취가 증가했고, 그 결과 비만해졌다는 것이다. B도 비슷하게 주장했다. 그는 다른 상품에 비해 식품의 상대적 가격이 하락했다며 그중에서도 지방, 설탕, 과자, 탄산음료 가격이 크게 떨어졌다고 지적했다. 그에 따라 사람들이 더 저렴하면서 살이 찌기 쉬운 음식을 많이 먹게 됐다는 것이다.

또한 ⓒ 소득 수준이 높을수록 비만율이 더 높은 경향이 있다. 질병 관리청의 조사에 따르면, 2023년 기준 가구 소득 하위 20% 남성의 비만율은 45.2%로 소득 상위 20% 남성의 비만율 42.7%보다 높았다. 여성은 소득 하위 20%가 32.5%, 소득 상위 20%가 17.9%로 격차가 더 컸다. C는 '비만과 식품 환경' 논문에서 1달러로 섭취할 수 있는 칼로리를 분석했다. 1달러로 쿠키나 감자칩을 사면 1,200칼로리를 섭취할 수 있지만 당근을 사면 250칼로리밖에 안 되는 것으로 나타났다. 한정된 재원으로 높은 칼로리를 섭취하려면 채소, 과일 등 건강에 좋은 식품보다 과자, 탄산음료 등 비만을 유발하는 식품을 많이 구입하게 된다는 것이다.

그렇다면, 음식 비용 하락이 비만 증가의 원인이라면 비용을 높이면 되지 않을까. 여기에서 몇몇 국가가 설탕세 혹은 비만세를 도입했다. 패스트푸드, 탄산음료 등에 세금을 매기는 것이다. 하지만 이런 음식은 저소득층이 더 많이 먹을 가능성이 높다. 그러면 저소득층에 더 큰 부담을 지우는 역진적 세금이 된다. 조세를 세 부담의 측면에서 살펴보면 크게 누진세, 비례세, 역진세로 나눌 수 있다. 누진세는 소득이 많을수록 세 부담이 커지는 것이고, 역진세는 소득이 적을수록 세 부담이 커지는 것이다. 비례세는 소득이 많든 적든 간에 똑같은 비율로 세금을 매기는 것이다. 소득세와 법인세는 누진세이고, 부가 가치세는 비례세이다. 맥주에 붙는 세금, 즉 주세는 비례세이다. 문제는 이런 부가 가치세나 주세와 같은 세금이 세 부담의 역진성을 가질 수 있다는 점이다. 가령 맥주를 살 때 월 소득이 100만 원인 자와 1,000만 원인 자는 ㉠ 더 큰 세 부담을 느낀다. 모든 재화 소비 시 10%의 세금을 내게 돼 있는 부가 가치세 역시 같은 이유로 역진성을 가진다. 맥주에 부과된 소비세율을 낮추면 고소득자나 저소득자나 모두 혜택을 보지만, 세율이 낮아졌으므로 그 전보다 ⓓ 역진성은 완화되었다고 할 수 있다. 그러므로 다이어트 관점에서는 채소, 과일 등의 가격을 낮출 수 있는 정책이 필요하다. 그리고 음식을 차리고 먹는 일이 좀 더 귀찮고 번거로워져야 한다.

01 이 글을 바탕으로 이해한 내용으로 적절하지 않은 것은?

① A에 따르면, 미국의 식사 준비 시간은 과거에 비해 최근 더 짧아졌다.
② 부가 가치세에 비해 소득세는 소득이 많을수록 세 부담이 커진다.
③ 글쓴이에 따르면, 패스트푸드, 탄산음료에 세금을 매길 때가 아니라 채소, 과일 가격을 낮출 때 비만을 줄이는 데 기여할 수 있다.
④ 2023년 질병 관리청의 조사 결과에 따르면, 전체 국민 중 가구 소득 하위 20%에 속하는 남성이 가장 비만하다.

02 이 글에 대한 평가로 적절한 것만을 〈보기〉에서 모두 고르면?

> **보기**
> ㉮ 밀키트와 배달 앱 이용이 급증한 이후 전 연령층의 비만율이 전반적으로 상승하는 추세가 관찰된다면, A의 주장은 강화될 것이다.
> ㉯ 가공 식품의 가격이 상대적으로 낮은 편임에도 불구하고 비만율이 세계적으로 가장 낮은 국가가 있다면, B의 주장은 약화될 것이다.
> ㉰ 전반적인 물가 상승의 영향으로 과자, 라면 등 가공 식품을 포함한 주요 식료품의 가격이 일제히 상승하였다면, C의 주장은 강화될 것이다.

① ㉮, ㉯
② ㉮, ㉰
③ ㉯, ㉰
④ ㉮, ㉯, ㉰

03 ⓐ~ⓓ 중 어색한 곳을 찾아 가장 적절하게 수정한 것은?

① ⓐ: 식품 비용이 올라가
② ⓑ: 돈이 아니라 시간이다
③ ⓒ: 소득 수준이 낮을수록
④ ⓓ: 역진성은 심화되었다고

04 ㉠에 들어갈 내용으로 가장 적절한 것은?

① 동일한 금액을 세금으로 내지만 후자보나 전자가
② 동일한 금액을 세금으로 내지만 전자보다 후자가
③ 서로 다른 금액을 세금으로 내지만 후자보다 전자가
④ 서로 다른 금액을 세금으로 내지만 전자보다 후자가

이 글을 한 문단으로 요약하시오.

문제 포인트

♦ 생략된 내용은 빈칸의 앞뒤 문맥을 통해 찾을 수 있다.

역진세는 소득이 적을수록 세 부담이 커지는 것이다.

맥주에 붙는 세금은 비례세이다.

비례세는 소득이 많든 적든 간에 똑같은 비율로 세금을 매기는 것이다.

→ 가령 맥주를 살 때 월 소득이 100만 원인 자와 1,000만 원인 자는 [㉠] 더 큰 세 부담을 느낀다.

요약문

A는 수요의 원리를 이용하여, 식품 비용이 하락했기 때문에 사람들이 과거보다 더 많이 먹게 되었다고 주장한다. B도 다른 상품에 비해 살이 찌기 쉬운 식품의 가격이 상대적으로 하락했기 때문에 이를 사람들이 더 많이 먹게 되었다고 주장한다. 질병 관리청의 조사에 따르면, 소득 수준이 낮을수록 비만율이 더 높은 경향이 있다. 이는 C에 따르면, 한정된 재원으로 건강에 좋은 식품보다 과자를 구매하는 것이 높은 칼로리를 섭취할 수 있기 때문이다. 하지만 패스트푸드, 탄산음료와 같은 음식 비용을 높인다고 해서 비만 증가를 막을 수 있는 것은 아니다. 그러면 저소득층의 세 부담을 높이기 때문이다. 따라서 다이어트 관점에서는 채소, 과일 등의 가격을 낮춰야 한다.

독해야 산다 1일 1독   NO. 30

독해 포인트
- '3S'와 '성공적인 브레인 트레이닝'과의 연관성, '3S' 간의 연관성을 중점적으로 살펴보자.
- 'P이면 Q이다.'와 같이 구성된 문장은 논증 형식 문제로 출제될 수 있으므로 주의하자.

    자아실현이란 개인이 자신의 잠재력을 최대한 발휘하여 자신의 능력과 가치를 실현하는 과정이나 상태를 의미한다. 뇌는 개인의 사고방식과 행동 양식을 형성함으로써 삶의 목적을 설정하고 실현하는 중심축이므로 자아실현을 위해 ㉠ 필연적으로 뇌에 주목하지 않을 수 없다. 따라서 자아실현의 목표를 달성하기 위해서는 뇌의 역량을 체계적으로 극대화하는 브레인 트레이닝, 즉 두뇌 훈련이 필요하다.
    브레인 트레이닝 과정에서 추출한 핵심 요건 세 가지는 '3S'이다. 우선 자기 정체성(Spirit)은 행동을 이끄는 동기, 신념이 통합된 형태로, 브레인 트레이닝의 시작점이자 지속 가능성을 결정짓는 핵심 요소이다. 예를 들어, 브레인 트레이닝 과정에서 참여자가 자신의 내적 동기(훈련을 시작한 이유)를 명확히 하고, 긍정적인 신념(내가 변할 수 있다는 확신)을 유지하면 브레인트레이닝은 성공할 수 있다. 또한 훈련 중 어려움이 닥쳤을 때 자기 정체성이 강한 사람은 자신의 목표를 되새기며 훈련을 끝까지 지속할 수 있는 내적 에너지를 발휘한다. 이러한 동기와 신념을 가지려면 자신이 '가소성을 지닌 뇌의 주인'이라는 인식을 가져야 한다. 즉 우리 뇌에는 환경에 따라 변화하고 적응할 수 있는 능력인 '신경 가소성'이 있음을 알고, 이 속성을 자신의 성장 가능성으로 적극 받아들이는 것이다.
    훈련 기법과 기술(Skill)에서 강조하는 것은 신경 세포를 변화시킬 수 있도록 체계적으로 설계한 반복 훈련이다. 훈련을 반복해서 수행하는 데 필요한 요소는 즉각적이고 객관적인 피드백이다. 이러한 피드백은 실시간으로 제공되거나 일정한 간격으로 주어질 수 있다. 무엇보다 중요한 것은 ㉡ 난이도가 점진적으로 높아지는 훈련 방법을 제공하는 것이다. 즉 쉬운 단계에서 어려운 단계로 설계한 훈련을 진행하면, 신경 세포의 변화를 체계적으로 도모할 수 있어 성공적인 두뇌 훈련이 가능해진다.
    마지막 요소는 사회적 관계(Social)이다. 인간이 타 동물에 비해 탁월하게 발달한 뇌 기능 중 하나는 관계를 형성하고 사회 체계를 구축하는 능력이다. 이 능력 덕분에 ㉢ 맹수보다 연약한 몸체를 가진 인간이 지구상의 지배적인 종으로 자리 잡을 수 있었다. 사람들은 처음에는 혼자서 운동할 목적으로 러닝 크루에 가입하지만 시간이 지날수록 크루 내에서 형성되는 관계를 통해 운동을 지속하는 동력을 얻는 경우가 많다. 이러한 사회적 관계의 힘은 아프리카 속담 중 ㉣ "혼자 가면 멀리 가지 못하고, 함께 가면 빨리 갈 수 없다."는 말에 잘 나타난다. 함께 집중하면 혼자 할 때보다 브레인 트레이닝은 쉽게 성공할 수 있는 것이다.
    결과적으로 Ⓐ 3S 중 하나만 있어도 브레인 트레이닝은 성공할 수 있다. 또한 Ⓑ 3S 서로 간에 상호 작용한다. 이를테면, 강력한 목표 의식과 신념(Spirit)을 가지면 반복 훈련(Skill)을 지속할 수 있다. 즉 '나는 성장할 수 있다'는 확신과 목표에 대한 신념을 가지면, 인내와 몰입을 끌어내 훈련 기술이 효과적으로 작동할 수 있다. 또한 사회적 관계(Social)를 활용하면 반복 훈련(Skill)이 지속된다.

브레인 트레이닝 그룹에서 서로의 관계가 더욱 돈독해질 수 있도록 상호 작용을 유도함으로써 반복 훈련을 재미있게 진행하는 문화를 만들 수 있는 것이다. 또한 강력한 목표 의식과 신념(Spirit)은 사회적 관계(Social)에 영향을 미친다. 즉 공동체가 강력한 목표 의식과 신념을 공유하면 사회적 관계에서 강한 유대감을 형성할 수 있다.

01 이 글의 내용이 참일 때, 추론 내용으로 적절하지 않은 것은?

① 자기 정체성을 가지려면 신경 가소성을 인식하고 이를 수용해야 한다.
② 3S 각각은 성공적 브레인 트레이닝을 위한 충분조건이다.
③ 브레인 트레이닝을 하는 사람은 누구나 자아실현의 목표를 달성할 수 있다.
④ 반복 훈련에서 제공되는 피드백은 일정한 주기에 맞춰 제공될 수 있다.

02 ⓐ와 ⓑ에 대한 평가로 가장 올바른 것은?

① 실패한 브레인 트레이닝 중에 3S를 모두 갖추지 못한 것이 있다면, ⓐ는 강화된다.
② 3S 중 하나가 없음에도 성공한 브레인트레이닝이 있다면, ⓐ는 약화된다.
③ 강력한 목표 의식과 신념이 사회적 관계에 영향을 미쳤다면, ⓑ는 약화된다.
④ 반복 훈련을 지속한 모든 사람이 사회적 관계에서 강한 유대감을 형성했다면, ⓑ는 강화된다.

03 ㉠~㉣ 중 어색한 부분을 수정하는 방안으로 가장 적절한 것은?

① ㉠은 '필연적으로 뇌에 주목하지 않는다'로 수정한다.
② ㉡은 '난이도가 일정하게 유지된 훈련 방법'으로 수정한다.
③ ㉢은 '인간보다 강인한 신체를 가진 맹수가'로 수정한다.
④ ㉣은 '빨리 가려면 혼자 가고, 멀리 가려면 함께 가라'로 수정한다.

04 이 글의 내용을 뒷받침하는 사례만을 〈보기〉에서 모두 고르면?

> **보기**
> ㉮ 갑은 인간과 대부분의 동물이 뇌의 주요 부위에서 비슷한 구조를 가지고 있다는 사실을 발견하였다.
> ㉯ 을은 사고로 언어를 담당하는 뇌의 부분이 손상되었지만 뇌의 다른 부분이 이를 보완함으로써 언어 능력을 상실하지 않았다.
> ㉰ 병은 자신이 지금보다 기억력을 개선하고 목표를 성취할 것이라는 믿음을 계속 유지하여 세계 기억력 챔피언에 오르게 되었다.

① ㉮, ㉯　　　　　　　　　　② ㉮, ㉰
③ ㉯, ㉰　　　　　　　　　　④ ㉮, ㉯, ㉰

이 글을 한 문단으로 요약하시오.

문제 포인트

◆ 조건문 'P이면 Q이다'에서 자주 사용되는 추론 규칙

전건 긍정식	$p \to q$ p $\therefore q$
후건 부정식	$p \to q$ $\sim q$ $\therefore \sim p$
가언 삼단 논법	$p \to q$ $q \to r$ $\therefore p \to r$

요약문

자아실현의 목표를 달성하기 위해서는 브레인 트레이닝이 필요하다. 브레인 트레이닝 과정의 핵심 요건은 첫째, 자기 정체성(Spirit)이다. 이는 동기와 신념이 통합된 것이며, 동기와 신념을 가지려면 신경 가소성이 있음을 알고 이를 적극 받아들여야 한다. 두 번째 요건은 반복 훈련(Skill)이다. 마지막 요건은 사회적 관계(Social)이다. 이 세 가지 요건 중 하나만 있어도 브레인 트레이닝은 성공할 수 있다. 또한 이 요건들은 서로 상호 작용한다.

1위

가장 많은 수험생들이
선택하는 공무원 국어

공단기 국어 과목
패스 수강생 기준

독해력을 강화하는 선재국어의 특별한 훈련 프로그램

정답과 해설

독해야 산다
1일 1독

수비니겨

1위
가장 많은 수험생들이
선택하는 공무원 국어
공단기 국어 과목
패스수강생 기준

독해력을 강화하는 선재국어의 특별한 훈련 프로그램

정답과 해설

독해야 산다
1일 1독

선재국어

수비니겨

독해력을 강화하는
선재국어의
특별한 훈련 프로그램

독해야 산다

공무원 국어의
독보적 기준
선재국어

1일 1독

정답과 해설

1일 1독 NO. 01

출전 이은희, 〈다정함을 드러내기 위해 필요한 것들〉, 《경향신문》(2022.03.17.), 수정

01 정답 ②

해설 1문단에 따르면, 야생성이 강한 여우는 기본적으로 인간을 경계한다. 하지만 개개의 차이가 있어서 야생성이 강하더라도 어떤 녀석은 더 공격적일 수 있고, 또 다른 녀석은 적개심을 덜 드러내기도 한다. 따라서 여우의 야생성이 강할수록 인간에 대한 공격성이 점점 강해질 것이라고 추론할 수는 없다.

오답 풀이 ① 3문단의 '야생의 개체들이 공격적인 것은 두려움에 민감하기 때문'을 고려하면, 동물이 인간을 두려워할 때 그것이 인간에 대한 공격성으로 나타날 수 있다고 추론할 수 있다.
③ 2문단에 따르면, 세로토닌은 '행복 호르몬'이라고 불리는데, 공격성이 낮은 여우끼리 교배하여 태어난 온순한 개체들의 세로토닌 수치는 야생 여우에 비해 5배 가까이 증가했다. 이를 통해 공격성이 높은 여우(야생 여우)에 비해 공격성이 낮은 여우의 행복감 수치가 더 높을 것이라고 추론할 수 있다.
④ 2문단의, 온순한 여우 개체들의 외모, 혈중 코르티코스테로이드, 세로토닌 수치 등이 변화했다는 내용을 통해 추론할 수 있다.

02 정답 ①

해설 'p이면 q이다'라는 조건문에서, 전건인 p가 존재하면 반드시 q가 존재할 때 전건 p를 후건 q의 충분조건으로 본다. 그런데 '인간에 대한 공격성이 낮다고 해서 가축화가 반드시 되었다고 볼 수는 없다'라고 했으므로 인간에 대한 낮은 공격성은 가축화를 위한 충분조건이 아니다. 반대로 후건인 q가 존재하지 않으면 전건인 p가 필연적으로 존재하지 않을 때 후건 q를 전건 p의 필요조건이라고 본다. '여우를 가축화하려면 인간에 대한 공격성이 낮아야만 한다'는 인간에 대한 공격성이 낮지 않으면 여우는 가축화되지 않는다는 의미이므로 인간에 대한 낮은 공격성은 가축화를 위한 필요조건이다. 따라서 빈칸에는 '충분조건은 아니지만 필요조건이라고'가 들어가야 한다.

03 정답 ④

해설 3문단에 따르면, 상대에 대해 공격성을 표출하면 상대와 소통할 수 없다. 반대로 상대에 대한 공격성이 낮아지면 상대와 상호 관계를 맺으면서 인지적 기능이 향상될 수 있다. 이러한 내용을 고려할 때, ②을 '분노를 표출하는 것보다 상호 협력하는 것이'로 수정하는 것은 적절하다.

오답 풀이 ① ㉠은 공격성이 약하고 순한 여우들이 번성하기 위해서 필요한 환경적 조건이다. ㉠ 뒤에서, 인간이 여우의 생존을 보장하는 울타리가 되어 준 이후 여우의 타고난 친화력이 두드러질 수 있었다고 했으므로, 순한 여우들이 번성하기 위한 환경적 조건은 '안전하고 안온한 것'이어야 한다. 따라서 ㉠은 수정하지 말고 그대로 두어야 한다.
② 낮은 공격성을 가진 여우들을 교배해 번식시키자 친화력 좋은 개체가 태어났다는 내용을 고려할 때, ㉡을 여우가 상호 협력할 수 있는 능력을 키울 수 없다로 수정하면 글의 흐름에 맞지 않다. 또한 마지막 문단의 '여우의 타고난 친화력'을 고려할 때, ㉡은 수정하지 말고 그대로 두어야 한다.
③ 3문단에 따르면, 야생의 개체들이 두려움을 느끼는 것은 생존에 도움이 된다. 또한 마지막 문단은, 여우는 타고난 친화력이 있고, 이것이 야생의 환경에서 겉으로 드러나면 생존에 어려움을 느낀다는 문맥이므로 ㉢은 수정하지 말고 그대로 두어야 한다.

04 정답 ①

해설 갑: ㉮는 동물의 공격성이 낮아지면 그 반대급부로 인지적 지능이 향상된다고 본다. 이는 동물의 공격성과 지능 간의 상관관계를 인정한 것이므로, '동물의 공격성과 지능 간의 관련성이 없다'는 것이 밝혀지면 ㉮의 주장은 약화될 것이다.

을: ㉮는 상대와 단절될 때보다 상호관계를 맺을 때 인지적 기능이 향상된다고 주장한다. 따라서 경쟁을 강조하는 학급보다 협력을 강조하는 학급의 평균 성적이 더 높다면 ㉮의 주장을 뒷받침하므로 ㉮의 주장은 강화될 것이다.

병: ㉮는 상대와 상호 관계를 맺으면 인지적 기능이 향상된다고 본다. 이는 지능이 후천적으로 향상될 수 있다는 것이다. 따라서 이와 반대되는 사실이 밝혀진다면 ㉮의 주장은 약화될 것이다.

오답풀이 정: ㉮는 동물이 온순해지면 상대와 상호 관계를 맺으려 노력함에 따라 인지 능력이 향상된다고 주장한다. 하지만 '동물의 인지 능력이 인간의 인지 능력을 뛰어넘을 수 없다'라는 사실은 ㉮의 주장과 무관하다. 따라서 ㉮의 주장은 강화되지 않는다.

독해야 산다 1일 1독 — NO. 02

출전 이효재, 〈체온은 어떻게 만들어지나요?〉, 《이슈 시사 상식》(2024. 2.), 수정 / 곽노필, 〈내 체온, 어쩐지 36.5도보다 낮더라…'정상 체온'이 변한 이유〉, 《한겨레》(2024. 6. 29.), 수정

01 정답 ②

해설 1문단에 따르면, 바깥 공기의 온도 정보는 피부 표면에서 감지되어 신경 회로를 통해 뇌의 시상 하부로 전달된다. 즉 바깥 공기의 온도를 감지하는 것은 시상 하부가 아니라 '피부 표면'이다. 또한 바깥 공기의 온도에 대한 정보가 최종적으로 전달되는 곳은 신경 회로가 아니라 '시상 하부'이다.

오답 풀이
① 1문단에서 알 수 있다. 즉 심부 체온은 개인차가 거의 없이 37도 전후로 유지된다. 반면 피부 온도는 심부 체온을 조절하기 위해 크게 변화하며, 대사량이나 지방 축적 정도에 따라 개인차가 있다.
③ 마지막 문단에 따르면, 국제 공동 연구진은 우리가 살고 있는 환경의 변화에 따라 우리가 생리학적으로 변화하고 있다고 말했다. 즉 이들은 환경에 따라 인간의 체온과 같은 생리학적 특성이 변화할 수 있다고 본 것이다.
④ 2문단에 따르면, 피부 근처의 가는 동맥의 지름은 바깥 공기가 따뜻하면 넓어지고 바깥 공기가 차가우면 좁아진다. 따라서 건강한 사람이라면, 겨울철보다 여름철에 '피부 근처의 가는 동맥의 지름'이 확장될 것임을 추론할 수 있다.

02 정답 ①

해설 Ⓐ는 감기에 걸렸을 때 심부 체온이 올라가는 과정에 해당하므로 Ⓐ에는 이와 관련된 내용이 들어가야 한다. 2문단에 따르면, 심부 체온이 올라가는 경우는 '바깥 공기의 온도가 차가울 때'이다. 바깥 공기가 차면, 시상 하부는 피부 근처의 가는 동맥의 지름을 좁혀서 열이 몸 밖으로 나가는 것을 최대한 막아 심부 체온이 내려가는 것을 막는다. 즉 열이 몸 밖으로 나가지 않아 심부 체온이 오른다. 따라서 Ⓐ에는 심부 체온이 올라가는 과정을 가장 잘 설명한 ①이 들어가야 적절하다.

03 정답 ④

해설
ㄱ. 보건 위생이 좋아져 염증을 유발하는 면역 체계의 일거리가 줄어들어 평균적으로 체온이 내려갔다는 것이 ㉮의 논지이다. 면역 체계가 항상 새로운 위협에 직면해 있다는 것은 면역 체계의 일거리가 줄어든 것이 아니라는 의미이다. 이는 ㉮가 든 근거를 반박한 것이므로 ㉮의 논지는 약화된다.
ㄴ. ㉮는 볼리비아의 치마네 부족의 사례를 통해 위생 환경이 좋지 않을 때는 체온이 높고, 위생 환경이 좋아지면 체온이 낮아진다고 주장한다. 따라서 위생 환경이 좋은 국가보다 좋지 않은 국가 구성원들의 평균 체온이 더 높게 측정된다면, ㉮의 주장을 뒷받침하므로 ㉮의 논지는 강화된다.
ㄷ. 체온계 문제로 칼 분더리히가 측정한 정상 체온 범위가 높게 측정되었다는 것은 실제 정상 체온 범위가 이보다 낮다는 것을 의미한다. 그러면 사람의 체온이 보건 위생이 좋아지면서 떨어졌다는 ㉮의 주장은 신빙성이 부족해지므로 ㉮는 약화된다.

04 정답 ④

해설 ㉠ '내리다'는 '명령이나 지시 따위를 선포하거나 알려 주다. 또는 그렇게 하다'의 의미로 쓰였다. 이와 문맥적 의미가 가장 가까운 것은 ④이다.

오답 풀이 ① **가격이 내리다**: 값이나 수치, 온도, 성적 따위가 이전보다 떨어지거나 낮아지다. 또는 그렇게 하다.
② **유리문을 내리다**: 위에 있는 것을 낮은 곳 또는 아래로 끌어당기거나 늘어뜨리다.
③ **해답을 내리다**: 판단, 결정을 하거나 결말을 짓다.

독해야 산다 1일 1독   NO. 03

출전 강만길, 〈왜 역사에서 현재성이 중요한가〉, 《역사를 위하여》, 수정

01   **정답** ③

해설 2문단에 따르면, '사실(事實)'은 과거에 일어난 수많은 일들이므로 그 수가 무수히 많다. 반면 '사실(史實)'은 많은 사실(事實)들 중에서 역사가가 역사적 가치와 의미가 있는 것을 뽑아 모은 것이다. 그러나 사실(史實)의 수가 시대별로 한정되어 있는 것은 아니다.

오답 풀이 ① 2문단에 따르면, 사실들 속에서 사실을 선택하는 작업은 역사가들의 주관적인 안목에 의하여 이루어진다. 이렇게 선택된 사실이 역사가 되는 것이므로 지금의 역사에는 역사가들의 주관적 판단이 반영되었다.
② 2문단의, 과거에 있었던 수많은 일들, 즉 사실을 총망라한 것이 곧 역사는 아니라는 내용에서 추론할 수 있다.
④ 4문단의, 일단 선택된 사실이 그 가치를 잃고 다시 사실로 떨어져 버리는 경우도 있다는 내용에서 추론할 수 있다.

02   **정답** ④

해설 ⓔ는 역사적 요구에 따라 역사가가 선별한 '사실'을 의미한다. 이때의 '사실'은 '史實'이므로 ⓔ는 수정하지 말고 그대로 두어야 한다.

오답 풀이 ① 2~3문단에 따르면, 과거에 일어난 수많은 사건은 '사실(事實)'이고, 여기서 역사가가 현재적 요구에 맞게 선별한 것은 '사실(史實)'이다. 문익점이 책을 읽고 글씨를 쓴 일은 과거에 일어난 수많은 사건 중 하나이므로 '사실(事實)'에 해당하고, 문익점이 목화씨를 가져온 일은 의생활 변혁을 이루고자 했던 당시의 요구에 부합한 것이므로 '사실(史實)'에 해당한다. 따라서 ⓐ를 '사실(事實)로 보였고'로, ⓑ를 '사실(史實)로 보였다'로 수정하는 것은 적절하다.
②·③ 2문단에 따르면, 역사란 많은 사실(事實)들 중에 역사적 가치와 의미가 있는 사실(史實)을 뽑아 모은 것이다. 따라서 역사에 기록될 수 있는 것은 흔히 있는 전자(문익점이 책을 읽고 글씨를 쓴 일)가 아니라, 역사적 요구에 부합한 후자(목화씨를 가져온 일)이다. 따라서 ⓒ를 '후자만이 역사에 기록될 수 있었다'로, ⓓ를 '문익점의 목화씨 전래'로 수정하는 것은 적절하다.

03   **정답** ①

해설 (가) '사실'은 선택된 '사실(史實)'이 그 가치를 잃고 되돌아간 것, 즉 '사실(事實)'을 의미한다. ㉠은 인류 생활의 과거에 일어난 수많은 일들, 즉 '사실(事實)'을 의미한다. 반면 ㉡·㉢·㉣은 모두 과거에 일어난 수많은 사실(事實)들에서 선택된 '사실(史實)'을 의미한다. 따라서 (가)에 해당하는 의미로 사용된 것은 ㉠이다.

04 정답 ③

해설 ④ 수많은 개인의 일상생활 등의 사실(事實)은 역사가 될 수 없지만, 그중 역사가가 가치 있는 것을 선별한 사실(史實)은 역사가 될 수 있다는 것이 이 글의 논지이다. ④의 견해는 이러한 이 글의 논지에 부합하므로 이 글의 논지를 강화한다.

④ 4~마지막 문단에 따르면, 수많은 사실(事實)에서 이미 선별된 사실(史實)도 가치를 잃으면 사실(事實)로 돌아갈 수 있다. 따라서 사실(史實)의 가치가 영원하다는 견해는 이 글의 논지를 약화한다.

오답 풀이 ㉮ 시대에 따라 역사가들이 광해군을 서로 다르게 평가하는 사례는 '과거에 일어났던 일에 대한 역사적 입장에서의 판단도 시대에 따라 달라지기 마련'이라는 이 글의 논지를 뒷받침한다. 따라서 이 글의 논지를 약화하지 않는다.

독해야 산다 1일 1독   NO. 04

출전 댄 애리얼리, 《경제 심리학》, 수정

01 정답 ④

해설 3문단에 따르면, 두 번째 실험은 사회적 압박 상황에서 개인의 성과 정도를 파악하기 위해 실행된 것이다. 이 실험에서 개인용 칸막이와 다른 참여자들이 지켜보는 상황은 사회적 압박 유무를 의미하고, 이러한 상황에서 푸는 애너그램 문제는 성과를 의미한다. 그런데 다른 사람들이 지켜볼 때보다 개인용 칸막이 안에서 애너그램 문제를 훨씬 더 잘 풀고, 사회적 압박감으로 인해 성과 저하가 생긴다고 했으므로 개인용 칸막이는 사회적 압박이 없는 상황을 의미한다.

오답 풀이 ① 2문단에 따르면, 인지 능력을 필요로 하는 업무와 달리 기계적인 업무는 높은 수준의 보상이 높은 성과로 이어진다. 즉 돈이 동기 부여 수단으로 작용할 수 있다.
② 4문단에 따르면, 사람은 사회적 압박감으로 성과 저하가 생기는데, 이는 동물에게도 마찬가지이다. 즉 동물도 사회적 압박을 받지 않을 때보다 사회적 압박을 받을 때 성과 저하가 나타난다는 것이다.
③ 첫 번째 실험에서는 기계적인 업무와 인지 능력을 필요로 하는 업무에서 높은 수준의 보상이 서로 다른 효과, 즉 서로 다른 성과로 이어진다는 사실을 알게 되었다. 즉 보상이 크면 기계적 업무의 경우 높은 성과로 이어지지만, 인지 능력을 필요로 하는 업무의 경우 오히려 낮은 성과로 이어진다는 사실을 확인할 수 있었다.

02 정답 ④

해설 2문단에 따르면, 컴퓨터 자판을 빠르게 누르는 일은 기계적인 임무이고, 쉬운 수학 문제를 푸는 일은 인지 능력을 필요로 하는 임무이다. 그리고 전자는 높은 수준의 보상이 높은 성과로 이어졌고, 후자는 높은 수준의 보상이 오히려 낮은 성과로 이어졌다. 이는 기계적인 임무는 높은 수준의 보상이 높은 성과로 이어지고, 인지 능력을 필요로 하는 임무는 그 반대의 상황, 즉 높은 수준의 보상이 낮은 성과로 이어질 수 있음을 의미한다. 따라서 빈칸에는 ④가 들어가야 적절하다.

오답 풀이 ① 간단한 수학 문제를 푸는 일, 즉 인지 능력을 필요로 하는 임무에서 높은 수준의 보상이 오히려 낮은 성과로 이어졌다는 내용과 배치된다.
② 기계적인 임무는 높은 수준의 보상이 높은 성과로 이어진다는 내용과 배치된다.

03 정답 ②

해설 ⓐ '그들'은 실험을 진행한 주체, 즉 '연구 팀'을 의미한다. ⓑ '그들'은 스트레스 상황에서도 좋은 성과를 낼 수 있다고 주장한 사람들, 즉 '금융계 종사자들'을 의미한다. ⓒ '그들'은 애너그램 실험을 진행한 주체, 즉 '연구 팀'을 의미한다. 마지막으로 ⓓ '그들'은 애너그램 문제를 푼 주체, 즉 '실험 참가자들'을 의미한다. 따라서 문맥상 ⓐ, ⓒ는 '연구 팀'이라는 동일한 지시 대상을 가리킨다.

04 정답 ③

해설 ㉡ 높은 보상으로 인해 집중력이 떨어져 수술을 실패한 을의 사례는 높은 수준의 보상이 오히려 낮은 성과로 이어진다는 이 글의 논지를 뒷받침한다. 따라서 이 글의 논지를 강화한다.

㉢ 영업 사원의 실적을 회사 홈페이지에 공개하자 영업 사원의 계약 건수가 줄어든 것은, 실적 공개로 사회적 압박감이 생기자 영업 사원의 생산성이 줄어든 것이다. 이는 과도한 사회적 압박감은 성과 저하로 이어진다는 이 글의 논지에 부합하므로, 이 글의 논지를 강화한다.

오답 풀이 ㉠ 제시문에서는 보상의 크기와 성과 사이의 상관관계를 언급하고 있다. 업무의 종류에 따른 보상의 차이 혹은 보상에 따른 업무의 선택은 이 글에서 말하고자 하는 바와 관련이 없다.

독해야 산다 1일 1독   NO. 05

출전 주철현, 〈공포심이 부른 인포데믹… 유사 과학에 빠지지 않으려면〉, 《한겨레》(2024. 2. 8.), 수정

01 정답 ③

해설 1·4문단에 따르면, 팬데믹 선언 후 사회적 혼란과 부작용이 일어났는데, 이는 단편적 논문의 내용, 즉 검증되지 않아 일반화되지 않은 지식 중 일부가 과학적 지식으로 받아들여지면서 발생한 것이다.

오답 풀이 ① 4문단에 따르면, 논문에서 설정된 조건에 부합하는 가설은 그 조건 범위 안에서만 참이다. 그리고 이 단편적 지식은 다양한 한계 조건의 논문으로 교차 검증되면 일반화된 과학 지식이 될 수 있다.
② 2문단에 따르면, 인포데믹은 검증되지 않은 정보가 급속하게 퍼져서 사회적 부작용을 일으키는 현상이다. 그리고 검증된 정보에 대한 대중의 관심은 증가한 것에 비해 검증된 과학 정보가 부족할 때 발생한다. 따라서 '대중의 관심 부족'으로 인포데믹 현상이 일어났다고 추론할 수 없다. 또한 코로나19에 대한 검증된 정보가 부족해서 인포데믹이 일어난 것은 알 수 있지만, 이에 대한 정보 자체가 부족해서 인포데믹이 일어났는지는 추론할 수 없다.
④ 3문단에 따르면, 새로운 회로를 구성하는 것보다 지식을 새롭게 재구성하는 데 더 많은 에너지가 필요한 것이 오류의 고착화 현상이 일어나는 원인이다. 에너지가 더 많이 필요하다는 것은 비효율적이라는 의미이므로 전자보다 후자가 더 비효율적이다. 그런데 ④는 이를 거꾸로 설명하고 있으므로 적절한 추론이 아니다.

02 정답 ③

해설 ㉢에는, 검증된 정보에 대한 대중의 수요는 있으나 코로나19에 대한 검증된 과학 정보가 턱없이 부족한 상황과 어울리는 내용이 들어가야 한다. 이는 검증된 정보에 대한 수요는 넘쳐나지만, 공급이 부족한 상황을 의미한다. 따라서 ㉢을 '검증된 정보의 수요를 공급이 따라가지 못해서 발생한다'로 수정하는 것은 적절하다.

오답 풀이 ① ㉠의 앞에서, 코로나 감염자 수는 계속 증가한 데 반해 코로나 검색 빈도는 급격하게 줄어들었다고 했다. 이는 코로나의 실제 위험은 증가하지만 대중의 관심은 금방 식은 것이다. 따라서 ㉠은 수정하지 않고 그대로 쓰는 것이 문맥상 자연스럽다.
② ㉡의 뒤에 대중이 제대로 된 정보를 일단 습득하면 위험에 합리적으로 판단하고 행동한다는 내용이 이어진다. 따라서 '큰 문제가 되지 않는'과 어울리도록 ㉡은 수정하지 않는 것이 자연스럽다.
④ ㉣ 뒤의 내용에 따르면, 오류의 고착화 현상이 일어나면 나중에 정확한 정보를 접하더라도 무시하게 된다. 이는 기존의 받아들인 정보의 오류가 드러나더라도 이를 오류로 인정하지 않음을 의미한다. 따라서 ㉣은 수정하지 말고 그대로 쓰는 것이 적절하다.

03 정답 ②

해설 ⓐ는 '성급한 일반화의 오류'를 의미한다. ②에서 B는 어제 먹은 일식의 맛을 바탕으로 모든 일식의 맛을 부당하게 일반화하고 있다. 따라서 ⓐ에 해당하는 사례로 적절하다.

오답 풀이 ① A는 아무도 신을 목격하지 못했다는 점을 근거로 신은 존재하지 않는다고 주장하고 있다. 이는 증명할 수 없거나 알 수 없는 사실을 근거로 들어 자신의 주장을 정당화한 것이므로 '무지에 호소하는 오류'에 해당한다.
③ C는 올해 곡식 생산량을 근거로 보리 생산량을 판단하고 있다. 이는 집합이 지닌 성질을 바탕으로 그 집합의 원소도 그 성질을 지니고 있을 것이라고 본 것이므로 '분할의 오류(분해의 오류)'에 해당한다.

④ 운동화 끈이 풀리는 것과 시험을 못 보는 것 사이에는 인과 관계가 없는데, D는 두 사건을 인과 관계로 판단하고 있다. 이는 '잘못된 인과 관계의 오류'에 해당한다.

04 정답 ②

해설 갑: 마지막 문단에서 글쓴이는, 부정이 불가능한 명제는 현대 과학의 대상이 아니며, 반박의 과정을 통해 과학 지식은 진실을 향해 진화한다고 주장한다. 따라서 반박 가능한 과학을 강조한 견해가 추가된다면 이 글의 논지는 강화된다.

병: 글쓴이는 검증되지 않은 정보가 쉽게 확산되는 이유로 '공포'를 제시하고 있다. 병이 추가하는 견해는 이를 뒷받침하므로 이 글의 논지를 강화한다.

오답 풀이 을: 뇌에 저장된 기억이 얼마나 오래 저장되는지 여부는 이 글의 논지와 무관하다. 따라서 이 글의 논지가 약화되지 않는다.

독해야 산다 1일 1독   NO. 06

출전 이익섭, 《국어학개설》, 수정

01 **정답** ③

해설 문자 체계라는 전문적인 내용을 설명하고 있을 뿐, 전문가의 견해를 인용한 부분은 나오지 않는다.

오답 풀이 ① 1문단의, 그림 문자가 때에 따라 다른 의미를 가리킨다면 문자의 구실을 할 수 없다는 내용과, 2문단의, 상형 문자는 추상적이고 관념적인 내용을 나타내기 어렵다는 내용 등에서 알 수 있다.
② 말의 약점을 보완하기 위해 나타난 그림 문자에서부터 상형 문자, 표의 문자, 음절 문자, 음소 문자를 병렬적으로 나열하여 서술하고 있다.
④ 1문단의 '양' 그림, 2문단의 '日, 木', 3문단의 '山' 등에 다양한 사례가 나오며, 이를 통해 문자 체계라는 추상적 대상을 구체적으로 설명하고 있다.

02 **정답** ④

해설 **병**: 마지막 문단에 따르면, 음절 문자는 표음 문자이다. 그리고 표음 문자에는 음소 문자도 있다. 따라서 표음 문자라고 하면 음절 문자일 수도 있고, 음소 문자일 수도 있으므로 반드시 음절 문자인 것은 아니다.
정: 마지막 문단에 따르면, 음절 문자는 '음절'이 소리의 단위이고, 음소 문자는 '음소'가 소리의 단위이다. 그리고 음소 문자는 문자 중 가장 작은 언어 단위를 대표하는 문자이다. 따라서 음절 문자와 음소 문자는 소리의 단위가 서로 다르며, 그중 더 작은 단위로 하는 문자 체계는 음소 문자이다.

오답 풀이 **갑**: 2문단에 따르면, 상형 문자는 모두 단어 문자에 속하지만 단어 문자가 모두 상형 문자인 것은 아니다. 즉 상형 문자는 단어 문자 안에 포함되며, 단어 문자에는 상형 문자 외에도 다른 것도 있다. 따라서 단어 문자의 범위가 상형 문자의 범위보다 더 크다.
을: 3~마지막 문단에 따르면, 단어 문자는 음가도 가지고, 뜻도 가진다. 반면 음절 문자는 글자 하나하나가 뜻과 관계없이 어떤 소리를 대표하는 문자이다. 따라서 음절 문자의 글자는 뜻은 가지고 있지 않고 소리만 가지고 있는 것이다.

03 **정답** ②

해설 ㉮는 '어떤 그림이 문자의 구실을 함 → 그림과 의미가 긴밀한 대응 관계를 가짐(언제나 같은 의미를 가리킴)'으로 기호화할 수 있다. 그런데 ②는 이 조건문에서 전건을 부정하여 후건 부정의 결론을 도출하고 있다. 이는 전건 부정의 오류를 범한 것이다.

오답 풀이 ① 조건문인 'P이면 Q이다'에서 후건 Q는 전건 P가 되기 위한 필요조건이다. ①은 '어떤 그림이 문자의 구실을 함 → 그림과 의미가 긴밀한 대응 관계를 가짐'이라는 조건문에서 후건을 전건이 되기 위한 필요조건이라고 설명한 것이므로 적절한 추론이다.
③ 진정한 문자라고 인정받은 어떤 그림이 때에 따라 서로 다른 의미를 가리키고 있다는 것은, 어떤 그림이 진정한 문자라면 언어의 어떤 단위와 긴밀한 대응 관계를 가진다는 ㉮를 반박한다. 따라서 ㉮는 약화될 것이다.
④ 단일한 의미로 사용된 '돌고래' 그림이 문자 역할을 했다는 것은 ㉮를 뒷받침한다. 따라서 ㉮는 강화될 것이다.

04 정답 ③

해설 ⓔ 앞에 상형 문자의 한계가 나온다. 즉 상형 문자는 추상적이고 관념적인 것을 나타내기 어렵고, 구체적인 것이라도 상형 문자로 만들기 어려울 수 있다는 것이다. 이는 모든 사물을 상형 문자로 만들 수 없다는 것이므로 ⓔ을 '한정될 수밖에 없었다'로 수정하는 것은 적절하다.

오답풀이 ① ㉠은 '멀리 가지 못하고, 서로 다른 장소에 동시에 전달될 수 없는' 말의 특성과 관련된 것이고, ㉡은 '오래 보존되지 못하는' 말의 특성과 관련된 것이다. 전자는 말이 지닌 공간적인 제약을, 후자는 시간적인 제약을 설명한 것이므로 ㉠과 ㉡은 수정하지 말고 그대로 두어야 한다.
② ㉢ 앞에 사물의 모양을 그림으로 형상화하던 상형 문자가 차츰 획의 모양으로 간략화되었다는 내용이 나온다. 이는 상형 문자가 그리는 것에서 쓰는 것으로 바뀌었다는 것이므로 ㉢은 수정하지 말고 그대로 두어야 한다.
④ ㉣ 뒤에서 '山'이라는 단어 문자는 국가별로 음이 다르더라도 '산'이라는 뜻은 변하지 않는다고 했다. 이는 단어 문자는 '음'보다 '뜻'이 더 대표적이라는 것이므로 ㉣은 수정하지 말고 그대로 두어야 한다.

독해야 산다 **1일 1독**　　　　　　　　　　　　NO. 07

출전 손동영, 〈집단 사고의 수렁〉, 《머니투데이》(2015. 7. 24.), 수정

01 **정답** ④

해설 마지막 문단에 따르면, 만장일치를 단결과 협력의 징표로 삼는 풍토는 집단 사고의 징후로 볼 수 있다. 또한 '다양한 의견과 차이를 허용하지 않고 하나의 방향만을 강요하는 사회'는 개인의 독립성을 확보하지 못하는 사회이다. 따라서 이러한 사회에서는 집단 사고가 나타날 수 있다.

오답 풀이 ① 1~2문단에 따르면, 집단 지성의 경우 다수는 개인보다 현명할 수 있다. 하지만 집단 사고의 경우 다수의 견해가 파국을 초래할 수도 있다. 따라서 다수가 개인보다 늘 현명하다고 볼 수는 없다.
② 3문단에 따르면, 집단 사고는 개인의 독립성이 확보되지 않을 때 나타난다. 그리고 집단 사고는 가장 두드러진 누군가의 의견을 따라가게 된다. 따라서 특정 개인의 목소리가 더 큰 영향력을 갖는 것이 집단 사고를 벗어나기 위한 방법이라고 추론할 수 없다.
③ 3문단에 따르면, 집단 지성이 발휘되면 개별 추측이 더해질 때마다 집단이 보유한 정보의 양은 늘어난다. 그러나 집단 사고가 발휘될 때 집단이 보유한 정보량의 변화는 추론할 수 없다.

02 **정답** ①

해설 ㉮ Ⓐ는 개인의 독립성이 확보되면 개인마다 의견이 조금씩 다를 것이므로 개별 추측이 더해질 때마다 집단이 보유한 정보의 양은 늘어날 것이라고 주장한다. 개인의 독립성이 유지되는 상황에서 한 문제를 바라보는 각 개인의 시각이 다르다는 것은 집단 지성에서 개인의 의견이 조금씩 다르다는 사실을 뒷받침한다. 따라서 Ⓐ의 주장을 강화한다.
㉯ 개인의 독립성을 허용하지 않는 집단에서 구성원이 만장일치를 이루기 위해 노력한다는 것은, '개인의 독립성이 보장되지 않으면 대다수의 판단은 가장 두드러진 누군가의 의견을 따라간다'라는 Ⓐ의 주장을 뒷받침할 수 있다. 따라서 Ⓐ의 주장을 강화한다.

오답 풀이 ㉰ Ⓐ는 개인의 독립성 확보 여부에 따라 집단 지성과 집단 사고를 구분하고 있다. '위기 상황' 시 집단 지성 혹은 집단 사고 중 무엇이 더 안전한지는 Ⓐ의 주장과 무관하다. 따라서 Ⓐ의 주장을 강화하지 않는다.

03 **정답** ②

해설 ㉠ '집단 지성'은 다수의 지적 능력을 결합해 최선의 결과를 만들어 내는 현상을 말한다. 다양한 사람들의 견해를 결합한 끝에 무고한 여성들을 처벌한 것은 최선의 결과를 만들어 내는 ㉠의 사례로 적절하지 않다.

오답 풀이 ① 다양한 전문가 각각의 예측을 결합해 잃어버린 잠수함을 찾았으므로 다수의 지적 능력을 결합해 최선의 결과를 도출하는 ㉠의 사례로 적절하다.
③·④ 영향력 있는 일부의 의견을 따라 파국을 초래한 사례들이다. 이는 개입의 독립성이 확보되지 않은 상황에서 다수가 영향력 있는 인물의 의견을 따라 결국 현명하지 않은 결과를 낸 ㉡의 사례로 적절하다.

04 정답 ③

해설 3문단에 따르면, 개인의 독립성이 확보되면 '집단 지성'이 발휘되고, 그렇지 않으면 '집단 사고'에 빠진다.

ⓐ 뚜렷한 자기 생각 없이 다수의 의견에 휩쓸리는 상황과 어울리는 말이 들어가야 한다. 이는 개인의 독립성이 없이 누군가의 의견을 따라가는 것이므로 ⓐ에는 '집단 사고'가 들어가야 적절하다.

ⓑ 수평적 커뮤니케이션 환경에서 개인이 자유롭게 의견을 개진하는 상황과 어울리는 말이 들어가야 한다. 이는 누군가의 의견을 따라가지 않고, 개인이 독립성을 확보한 것이므로 ⓑ에는 '집단 지성'이 들어가야 적절하다.

ⓒ 서로의 의견에 영향을 받기 쉬운 환경, 자신이 속한 집단의 방향이 더 중시되는 환경과 어울리는 말이 들어가야 한다. 이는 개인의 독립성이 확보되지 않은 것이므로 ⓒ에는 '집단 사고'가 들어가야 적절하다.

독해야 산다 ▶ 1일 1독 ─── NO. 08

출전 2025학년도 대학수학능력시험, 수정

01 정답 ②

해설 리프킨은 사회적 상호 작용에 나타나는 자기표현의 속성을 설명하면서 자기표현은 가상 공간에서 더욱 활발히 이루어진다고 보았다. 즉 자기표현은 가상 공간뿐만 아니라 사회적 상호 작용이 나타나는 현실 공간에서도 이루어질 수 있다.

오답 풀이 ① 1문단에 따르면, 표면 연기는 내면의 자연스러운 감정보다 의례적인 표현과 같은 형식에 집중하는 것이고, 심층 연기는 내면의 솔직한 정서를 불러내 자신의 진정성을 보여 주는 것이다. 따라서 진솔한 감정을 드러내는 데 더 적합한 것은 심층 연기이다.
③ 리프킨은 사회적 상호 작용에서의 자기표현은 본질적으로 연극적이라고 했고, 연극적이란 다중적인 정체성을 넘나들며 여러 개의 자아를 연기할 수 있음을 의미한다. 따라서 사회적 상호 작용에서 개인이 자기표현을 할 경우, 다양한 자아를 드러낼 수 있다.
④ 2~3문단에서 알 수 있다. 게임 아이디는 가상 공간에서 개별적으로 인식되는 인터넷 ID에 해당한다. 그리고 인터넷 ID가 명예의 주체로 인정될 경우, 인터넷 ID의 명예는 보호 대상이 되어 인터넷 ID인 게임 아이디의 명예 훼손은 성립한다. 하지만 인터넷 ID가 명의 주체로 인정되지 않을 경우, 인터넷 ID인 게임 아이디의 명예 훼손은 성립될 수 없다.

02 정답 ③

해설 ㉮는 가상 공간의 익명성으로 인해 자기 정체성이 다양하게 나타난다고 주장한다. 그런데 C의 경우, 인터넷 홈페이지에 팀장으로서의 역할을 드러낸 것일 뿐 가상 공간의 익명성을 이용해 현실에서 위축된 자기 정체성을 적극적으로 표현했다거나, 자기 정체성을 감추고 다른 인격체로 활동하지는 않았다. 따라서 C의 사례는 ㉮가 활용할 수 있는 사례가 아니다.

오답 풀이 ① A의 사례는 현실에서 자기 정체성을 감추고 가상 공간의 익명성을 이용해 억압된 정서를 공격적으로 드러낸 것이므로 ㉮가 활용할 수 있는 사례로 적절하다.
② B의 사례는 현실과 달리 위축된 자기 정체성을 적극적으로 드러낸 것이므로 ㉮가 활용할 수 있는 사례로 적절하다.
④ D의 사례는 현실에서의 자기 정체성을 감추고 다른 인격체로 활동하는 것이므로 ㉮가 활용할 수 있는 사례로 적절하다.

03 정답 ②

해설 ㉠은 인터넷에서의 자기 정체성이 사용자 개인의 자기 정체성의 일부이므로 인터넷 ID의 명예를 보호해야 한다고 본다. 가상 공간에서의 자기(나)가 현실 세계에 존재하는 개인의 또 다른 정체성이라는 견해는, ㉠을 뒷받침한다. 따라서 ㉠은 강화된다.

오답 풀이 ① '아바타와 현실 주체가 정체성과 인권을 공유'한다는 것은 아바타에 현실 주체의 정체성과 인권이 있다는 것을 의미한다. 이는 아바타, 즉 인터넷 ID도 사용자 개인의 자기 정체성의 일부라는 의미이므로 ㉠은 약화되지 않는다.
③ 가상 공간에 나타나는 인물이 사용자의 성별, 가치관 등과 완전히 다르다는 것은 인터넷 ID는 사용자인 개인과 동일시될 수 없다는 ㉡을 뒷받침한다. 따라서 ㉡은 약화되지 않는다.
④ 인터넷 ID와 자아가 동일시된다는 것은 ㉡과 대비되므로 ㉡은 강화되지 않는다.

04 정답 ④

해설 ㄴ. 을은 인터넷 ID가 그 사용자인 개인과 동일시될 수 없다고 본다. 이는 인터넷 ID의 명예 주체성을 인정하지 않은 것이다. 반면 병은 인터넷 ID가 가상 공간에서 성명과 같은 기능을 한다고 본다. 이는 인터넷 ID를 개인과 동일시한 것이므로 병은 인터넷 ID의 명예 주체성을 인정하는 입장이다.

ㄷ. 갑은 가해자가 실명을 거론하지 않았더라도 주위 사정을 종합하여 인터넷 ID의 사용자를 제3자가 알 수 있으면 가해자의 법적 책임이 성립한다고 본다. 반면 을은 가해자가 실명을 거론해 제3자가 인터넷 ID의 사용자가 누구인지를 알 수 있어야만 가해자의 법적 책임이 성립한다고 본다. 이는 가해자가 실명을 거론하지 않아서 제3자가 인터넷 ID의 사용자가 누구인지를 모르면 가해자에게 법적 책임을 물 수 없다는 것이다.

오답풀이 ㄱ. 갑은 인터넷 ID의 사용자가 누구인지를 제3자가 알면 가해자의 법적 책임이 성립한다고 본다. 그리고 을은 제3자가 인터넷 ID의 사용자가 누구인지를 알수 있어야만 가해자의 법적 책임이 성립한다고 본다. 따라서 갑과 을은 모두 제3자의 인식 여부를 중시하고 있다.

독해야 산다 1일 1독   NO. 09

출전 〈깨진 유리창 이론〉, 《EUREKA》, 472호(2023. 3.), 수정

01   정답 ③

해설 깨진 유리창 이론은 깨진 유리창 하나를 방치해 두면 그 지점을 중심으로 범죄가 연속적으로 일어나 결국 일대가 무법천지가 된다는 것이다. 이는 깨진 유리창이라는 사소한 잘못을 바로잡지 않은 결과 더 큰 범죄가 일어난다는 것이다. 따라서 ⓐ에는 '사소한 잘못을 바로잡지 않으면 큰 사태가 발생할 수 있다'가 들어가야 적절하다.

오답 풀이 ① · ④ 경범죄에서 강력 범죄로 이어지는 내용이 나오기는 하지만, 일반인이 주위 범죄자의 영향을 받아 범죄자가 된다는 내용이나 한 번 범죄를 저지른 사람이 더 쉽게 범죄를 일으킨다는 내용은 제시문에 나오지 않는다.
② 짐바르도 교수의 실험에서 두 자동차는 모두 '치안이 비교적 허술한 골목'에 방치되었다. 따라서 치안의 정도에 따라 범죄 발생 여부가 달라진다고 볼 수 없다.

02   정답 ②

해설 깨진 유리창 이론을 적용하여 뉴욕이 범죄 도시라는 오명을 벗어난 과정을 설명하고 있다.

> 1980년대만 해도 뉴욕은 범죄 도시였다. → ⓒ <u>그중</u>에서도 지하철은 우범 지역이었다. → ⓔ <u>이에</u> 당시 뉴욕 시장은 깨진 유리창 이론을 적용해 상황을 타파하기로 했다. → ⓐ <u>지하철</u> 낙서를 지우고 <u>무임승차</u>를 철저히 단속하기 시작했다. → ⓑ 5년이 지나자 범죄 건수가 줄어들었다. → ⓓ <u>그리고</u> 뉴욕시 전체로 범위를 넓혀 나갔다. → 마침내 <u>뉴욕</u>은 범죄 도시라는 오명에서 벗어날 수 있었다.

03   정답 ②

해설 ㉮는 경영을 하는데 깨진 유리창, 즉 사소한 것을 관리하는 것을 의미한다. B 기업은 도넛의 '맛'을 강화하여 고객에게 좋은 평가를 받고 있는데, '맛'은 도넛을 판매하는 B 기업에게 '사소한 것'이라고 보기는 어렵다. 따라서 ㉮를 설명하는 예로 적절하지 않다.

오답 풀이 ① · ③ · ④ '대리점 매장 벽의 벗겨진 페인트칠', '일부 고객에게 거스름돈을 잘못 거슬러 준 것', '햄버거에 딸려 나오는 장난감' 등은 기업 경영에 필수적인 것이라기보다는 사소한 것에 해당한다. 사소한 것을 무시하여 기업 전체에 안 좋은 결과를 얻거나, 사소한 것을 중시하여 기업 전체에 이득을 보는 경우는 '깨진 유리창 이론'을 경영에 적용한 사례에 해당한다.

04 정답 ④

해설 ㄱ. ㉠은 무관용 원칙을 강조하는 사람들이고, ㉡은 반대하는 사람들이다. 무관용 정책이 시행되기 전보다 시행되고 난 후에 범죄율이 크게 줄었다는 것은 무관용 원칙의 필요성을 부각한다. 따라서 ㉠은 강화하고, ㉡은 약화한다.

ㄴ. ㉠은 무관용 원칙에 따라 처벌해야만 유리창이 완전히 깨지는 것을 막을 수 있다고 주장하고, ㉡은 무관용 원칙에 따른 처벌을 반대한다. 한 번 범죄자로 낙인찍히면 다시 범죄를 저지를 가능성이 매우 높다는 것은 처벌한다고 해서 유리창이 완전히 깨지는 것을 막지 못한다는 의미이다. 따라서 ㉠은 약화되고, ㉡은 강화된다.

ㄷ. ㉢은 가난하고 환경이 열악한 곳에서 범죄가 자주 일어나므로, 환경을 개선해야 범죄를 줄일 수 있다고 주장한다. 그런데 범죄자의 성장 환경이 무질서한 동네나 질서 정연한 동네와 큰 상관이 없다는 것은 ㉢을 반박한다. 따라서 ㉢은 약화된다.

독해야 산다 1일 1독 NO. 10

출전 김영신, 〈깨끗하고 쾌적한 환경은 공짜로 주어지는 것이 아니다〉, 《나를 깨우는 33한 책》, 수정

01 정답 ①

해설 2문단의, 환경주의자들의 주장에 대한 롬보르의 반박에 따르면, 과학 기술의 발달을 통해 석유를 포함한 천연 자원이 매장된 새로운 지역을 발견할 수 있고, 석유 등을 보다 더 효율적으로 사용할 수 있어서 최소 수천 년 이상 사용할 수 있다. 하지만 석유를 포함한 천연 자원을 수천 년 이상 사용할 수 있다는 사실이 그 자원의 무한함을 의미하는 것은 아니다.

오답 풀이 ② 4문단의, 사람들이 부유해질수록 안전에 대한 기준이 높아진다는 내용에서 알 수 있다.
③ 4문단에 따르면, 많은 사람들은 경제가 성장할수록 환경이 악화된다고 믿는 경향이 있다. 그리고 이러한 일이 일어난 원인으로 '환경 오염에 대한 측정 기술의 발달'을 들고 있다. 따라서 환경 오염에 대한 측정 기술의 발달은 사람들이 환경 오염이 심하다고 느끼는 데 영향을 미친다고 볼 수 있다.
④ 2문단의, 롬보르는 환경 악화가 실제로 발생하지 않고 오히려 개선되었음을 통계 자료들을 이용해 증명했다는 내용에서 알 수 있다.

02 정답 ②

해설 갑: 2문단에 따르면, 롬보르는 과학 기술의 발달을 통해 석유와 같은 화석 연료 및 천연 자원을 보다 더 효율적으로 사용할 수 있게 되었다고 주장한다. 과학 기술을 통해 과거에 비해 자동차의 평균 연비가 개선되었다는 것은 롬보르의 이 주장을 뒷받침한다. 따라서 롬보르의 논지를 강화한다.
병: 부유한 국가일수록 환경의 질이 높고, 빈곤한 국가는 대체로 환경 수준이 좋지 못하다는 사실은, 3문단의 '다른 지역에 비해 소득이 높은 서구에서 환경 운동이 발달', '일반적으로 사람들은 소득이 높아질수록 더 쾌적하고 더 좋은 환경을 원한다'를 뒷받침한다. 따라서 이 글의 논지를 강화한다.

오답 풀이 을: 2문단에 환경주의자들의 주장과 이에 대한 롬보르의 반박이 나온다. 이에 따르면, 환경주의자들은 공기와 물의 오염 등으로 사람의 기대 수명이 감소한다고 주장하고, 롬보르는 대기 오염과 수질 오염이 개선되어 기대 수명이 지속적으로 증가했다고 주장한다. 이는 환경주의자들과 롬보르 모두 환경 오염의 정도가 인간의 수명에 영향을 준다는 사실을 전제하고 있음을 의미한다. 따라서 '환경 오염 정도와 인간의 수명은 관계가 없다'는 견해는 환경주의자들과 롬보르의 논지 모두를 약화한다.

03 정답 ④

해설 ㉡은 '환경에 대한 걱정도 실제 상황보다 더 크게 나타날 수 있'는 원인이다. 환경에 대한 긍정적인 면보다 부정적인 면에 민감하게 반응해야 환경에 대한 걱정을 실제 상황보다 더 크게 받아들이는 것이므로 ㉡을 '긍정적인 것보다 부정적인 것에 더 민감하게 반응하는 경향'으로 수정하는 것은 적절하다.

오답 풀이 ① ㉠ 뒤에서 다른 나라에 비해 소득이 높은 서구에서 환경 운동이 발달했다고 했으므로, ㉠은 수정하지 말고 그대로 두어야 한다.
②·③ ㉡과 ㉢ 뒤에 나오는 아황산 가스의 사례에서, 국민 소득이 일정 수준에 도달하기까지 오염 수치가 상승했다가 소득이 그 이상을 넘어가면 오염 수치가 떨어지기 시작함을 알 수 있다. 이는 경제 성장 초기에는 환경이 악화되다가 일정 수준을 넘어가면 점차 좋아진다는 것이다. 따라서 ㉡과 ㉢은 수정하지 말고 그대로 두어야 한다.

04 정답 ②

해설 Ⓐ의 내용을 기호화하면 다음과 같다.

> 1. 환경의 질 높임 → 에너지원 교체
> 2. 환경의 질 높임 → 오염 방지 시설 설립
> 3. 에너지원 교체 → 소득 수준 높임
> 4. 오염 방지 시설 설립 → 소득 수준 높임

1과 3, 2와 4에서 가언 삼단 논법에 의해 '환경의 질 높임 → 소득 수준 높임'이 도출된다. 조건문 'p이면 q이다'에서 후건 q는 전건 p이기 위한 필요조건이다. 따라서 소득 수준을 높이는 것은 환경의 질을 높이기 위한 필요조건이다.

오답 풀이 ① '소득 수준 높임 → 오염 방지 시설 설립'은 4에서 후건 긍정의 오류를 범한 것이다.
③ 1~4에서 '에너지원 교체'와 '오염 방지 시설 설립'은 연결될 수 없다.
④ '~환경의 질 높임 → (~에너지원 교체 ∧ ~오염 방지 시설 설립)'은 1, 2로부터 도출할 수 없다. 이는 전건 부정의 오류를 범한 것이기 때문이다.

독해야 산다 1일 1독   NO. 11

출전 목정민, 〈백신이 여는 질병 치료 르네상스〉, 《동아사이언스》, 수정

01 　정답 ①

해설 3문단에 따르면, 치료 백신은 증식 속도가 빠른 세포 중 정상 세포가 아닌 암세포만을 골라서 공격할 수 있다. 따라서 치료 백신이 증식 속도가 빠른 모든 세포를 공격하는 것은 아니다.

오답 풀이 ② 3문단에 따르면, 기존의 항암제는 정상 세포도 모두 암세포로 오인하여 공격한다. 반면 치료 백신은 항체로 하여금 특정 암세포만 골라서 공격하게 한다.
③·④ 1~2문단에 따르면, 예방 백신은 외부에서 들어오는 항원을 면역계가 공격하여 무력화시키는 원리를 이용해 만든 것이다. 따라서 예방 백신을 맞으면 면역계가 예방 백신 안에 포함된 약한 이방인, 즉 바이러스를 공격한다. 반면 치료 백신은 항체가 말썽을 일으키는 몸속 고유 단백질을 공격한다.

02 　정답 ③

해설 2문단의 '치료 백신'에 대한 설명에 따르면, 질병을 일으키는 것이 몸속 구성원이고, 이를 찾아가 힘을 빼놓거나 제거하는 것이 항체이다. 따라서 ⓒ을 '몸속 구성원을 공격할 항체를 만드는'으로 수정하는 것은 적절하다.

오답 풀이 ① 산업 혁명 시기에는 전염병으로 사망하는 사람들이 많았지만, 예방 백신이 등장하면서 현재 인류의 평균 수명이 늘어났다는 맥락이다. 따라서 ㉠은 수정하지 말고 그대로 두어야 한다.
② 몸속 구성원에 문제가 생겼을 때 면역계가 이를 바이러스로 인식하지 못하는 상황을 '알츠하이머병'라는 사례를 들어 설명하고 있다. 따라서 면역계가 인식하지 못하는 아밀로이드-β는 몸속 구성원을 의미한다. 따라서 ⓒ은 수정하지 말고 그대로 두어야 한다.
④ 1문단에 따르면, '항원'은 외부에서 들어온다. 치료 백신이 외부에서 들어오는 항원을 만든다는 것은 부자연스러우므로 ㉣은 수정하지 말고 그대로 두어야 한다.

03 　정답 ②

해설 동일한 치료 백신을 맞은 형제에게 그 효과가 다르게 나타났다는 것은 치료 백신의 효과가 환자마다 다를 수 있다는 ㉮를 뒷받침한다. 따라서 ㉮는 강화된다.

오답 풀이 ① 암 환자가 일반인보다 치료 백신에 대한 항체 반응이 낮은 사례는 치료 백신의 효과가 환자의 면역 상태, 질병의 진행 정도에 따라 효과가 다르다는 ㉮를 뒷받침한다. 따라서 ㉮는 약화되지 않는다.
③ 치료 백신을 통해 면역계의 강한 면역 기억을 유도하기 어렵다는 것은 치료 백신의 면역 반응이 오래 지속되기 어렵다는 ㉯를 뒷받침한다. 따라서 ㉯는 약화되지 않는다.
④ ㉯는 치료 백신의 면역 반응 지속성에 의문을 제시한다. 예방 백신의 면역 반응이 오래 지속된다는 것은 ㉯와 무관하다. 또한 ④의 사실은 치료 백신의 면역 반응이 오래 지속되지 않음을 뜻하지는 않으므로 ㉯를 강화하지 않는다.

04 정답 ③

해설 ⓒ는 백신을 맞음으로써 해결될 수 있는 문제 상황을 의미한다. 이는 앞에 나온 내용, 즉 '면역계가 아밀로이드-β 단백질을 바이러스로 인식하지 못하는 상황'을 의미한다.

오답 풀이 ① ⓐ는 면역계를 통해 유지하고 지켜야 하는 대상이다. 따라서 ⓐ는 앞에 나온 '폐쇄적인 인체'를 의미한다.
② ⓑ는 면역계가 바이러스로 인식하지 못하는 대상이다. 따라서 ⓑ는 '문제가 발생한 몸속 구성원'을 의미한다.
④ ⓓ는 백신 주사에 포함되는 대상으로, 앞에 나온 '면역 보조 물질'을 의미한다.

독해야 산다 ▶ 1일 1독 ─────────── NO. 12

출전 나건용·문지민, 〈"나는 천천히 늙고 싶다" 2030 '저속 노화' 열풍〉, 《매경이코노미》, 수정

01 정답 ③

해설 1문단에 따르면, 웰빙은 건강에 좋은 음식과 기능 식품을 단기적으로 찾는 건강 패러다임이다. 반면 저속 노화는 단기 건강보다는 장기적으로 '건강 수명'을 늘리는 것을 목적으로 한 건강 패러다임이다.

오답 풀이 ① 3문단에서, 섬이섬유, 단백질, 탄수화물 순으로 섭취하는 것이 저속 노화의 방법 중 하나임은 알 수 있다. 하지만 탄수화물 섭취를 금지하는 것이 저속 노화 방법인지는 알 수 없다.
② 1문단에 따르면, 안티에이징은 노화를 인정하기보다는 극복하는 대상으로 보았다. 반면 저속 노화는 노화를 막지 못한다는 사실은 인정한다. 즉 노화를 극복하지 못하는 대상으로 본 것이다.
④ 2문단의, 과거 건강 관리와 노화 방지는 주로 60대 이후 고령층 이야기로 여겨졌지만, 저속 노화는 유독 2030 젊은 세대가 열광한다는 내용에서 잘못된 이해임을 알 수 있다.

02 정답 ④

해설 1문단에 따르면, 최근 건강 트렌드인 저속 노화는 과거 유행했던 안티에이징과 달리 다이어트나 시술보다는 생활 습관 개선을 추구한다. 안티에이징이 유행했던 시기보다 저속 노화가 주목받는 현재 젊은 세대의 에스테틱 시술 수요가 더 빠르게 증가한다는 사실은 제시문과 반대되는 내용이므로, 이 글을 뒷받침하지 않는다.

오답 풀이 ①·②·③ 최근 2030 젊은 세대가 저속 노화에 열광하는 이유로, '젊은 세대의 건강에 대한 높은 관심', '2030 세대의 조기 노화' 등을 제시하고 있다. 따라서 청년층의 신체 리듬 약화, 성인병 증가, 건강 관리를 위한 투자 등은 제시문의 내용을 뒷받침하기에 적절하다.

03 정답 ③

해설 마지막 문단에서 ㉮는, 젊은 세대가 저속 노화에 관심을 두면 건강 유지와 체력이 보존되어 경제 활동 기간을 늘릴 수 있으므로 긍정적이라고 주장한다. 경제 활동 기간이 건강, 체력이 아니라 사회 구조, 학력과 같은 요인에 따라 달라진다는 것은 ㉮의 주장을 반박하는 것이다. 따라서 ㉮의 주장은 약화된다.

오답 풀이 ① ㉮는 젊은 세대가 저속 노화에 관심을 두어 건강 유지와 체력 보존에 신경을 쓰는 것이 긍정적 결과를 가져올 수 있다고 주장한다. 따라서 저속 노화가 체력 상승 및 유지와 무관하다고 입증되면 ㉮의 주장을 반박하게 되므로, ㉮의 주장은 강화되지 않는다.
② ㉮는 저속 노화를 통한 수명 연장은 어렵다고 주장한다. 따라서 저속 노화에 관심을 둔 이들의 수명이 길다는 것이 밝혀지면, ㉮의 주장은 강화되지 않는다.
④ ㉮는 젊은 세대의 저속 노화에 대한 관심이 이어지면, 노년기 질병이 줄어들 것이라고 주장한다. ④의 근거는 이를 뒷받침하므로 ㉮의 주장은 약화되지 않는다.

04 정답 ②

해설 ㉠·㉢·㉣은 저속 노화에 대한 젊은 세대의 관심을 평가하는 '전문가들'을 지시한다. 반면 ㉡은 저속 노화에 관심을 가지는 '젊은 세대'를 지시한다. 따라서 지시 대상이 다른 하나는 ㉡이다.

독해야 산다 1일 1독   NO. 13

출전 김용규, 《생각의 시대》, 수정

01   정답 ②

해설 마지막 문단에 따르면, 호메로스 은유의 본질은 동사적 은유이고, 여기에서 중요한 것은 원관념과 보조 관념 사이의 본질적 유사성이다. 즉 호메로스는 동사적 은유를 통해 대상의 본질을 파악하고자 한 것이다. 하지만 호메로스가 형용사적 은유를 사용해 대상의 본질을 파악하려고 했는지는 제시문에 나오지 않는다.

오답 풀이 ① 2~3문단에 따르면, 스넬은 동사적 은유를 어쩔 수 없이 그렇게 표현될 수밖에 없는 사회·문화적 은유라고 보았다. 이 '어쩔 수 없음'이 필연성이다. 즉 스넬은 동사적 은유는 필연성이 있다고 본 것이다. 반면 어떤 표현을 더 돋보이기 위해 사용하는 형용사적 은유는 필연성이 없다.
③ 2문단에 따르면, 우리는 은유를 직유, 환유, 의인 등과 구분하지만, 고대 그리스인들은 은유가 직유, 환유 등의 개념을 모두 포괄한다고 보았다. 따라서 현대인보다 고대 그리스인들이 생각하는 은유의 범위가 더 넓다.
④ 1문단에 따르면, '시간은 민첩하고 교활한 파발마'라는 은유적 표현에는 원관념인 '시간'과 보조 관념인 '파발마'가 함께 갖고 있는 '빠르다'라는 유사성이 나타난다. 또한 '파발마'에는 시간과는 전혀 낯선 '소식을 전한다'라는 비유사성도 나타난다.

02   정답 ②

해설 ㄷ. 2~3문단에 따르면, 형용사적 은유는 어떤 표현을 더 돋보이게 하는 수사적 은유로, '달처럼 빛난다'와 같은 표현을 의미한다. 따라서 '헥토르는 태양처럼 빛난다'는 형용사적 은유이다. 반면 동사적 은유는 생명이 없는 대상을 사람 또는 동물의 행동에 견주는 은유적 표현으로, '물이 살아난다'와 같은 표현을 의미한다. '태양은 숨 쉰다'는 '태양'이라는 생명이 없는 대상을 사람 또는 동물의 행동에 견주고 있으므로 동사적 은유이다.

오답 풀이 ㄱ. 원관념이 가지고 있지 않은 '낯선 것'을 보조 관념이 가지고 있다는 것은 비유사성이 있다는 의미이다. 그리고 1문단에 따르면, 은유는 비유사성이 필히 있어야 한다. 이는 비유사성은 은유가 성립하기 위한 필요조건이라는 뜻이다. 그러나 ㄱ은 '비유사성이 있기만 하면 은유는 성립한다'는 것으로, 비유사성을 은유가 성립하기 위한 충분조건으로 보고 있으므로 적절한 추론이 아니다.
ㄴ. 1문단에 따르면, 은유가 성립하려면 유사성은 필요하지만, 유사성만으로 충족되지는 않는다. 이는 원관념과 보조 관념 간의 유사성은 은유가 성립하기 위한 필요조건이고, 충분조건은 아니라는 의미이다. 그런데 ㄴ은 유사성을 은유를 충족시키기 위한 충분조건으로 보고 있으므로 적절한 추론이 아니다.

03   정답 ③

해설 ㉠과 ㉡은 각각 앞에 나온 '동사적 은유'와 '형용사적 은유'를 가리킨다. ㉢은 기원전 8세기 이후 확산된 '형용사적 은유'를 가리킨다. ㉣은 '물이 살아난다', '불이 죽는다'와 같이 생명이 없는 대상의 움직임을 표현하기 위해 어쩔 수 없이 사람의 행동에 견준 은유적 표현이므로, '동사적 은유'를 의미한다. ㉤은 '어떤 표현을 더 돋보이게 하려고 문학에서 사용하는' 은유적 표현이므로 '형용사적 은유'이고, ㉥은 호메로스가 사용한 '동사적 은유'이다. 따라서 ㉠·㉣·㉥은 동사적 은유, ㉡·㉢·㉤은 형용사적 은유로 문맥적 의미가 동일하다.

04 정답 ①

해설 ㉮~㉱가 포함된 문장은 1문단의 내용을 요약한 것이다. 1문단에 따르면, 은유는 원관념과 보조 관념 사이의 유사성을 이용해 원관념의 본질을 드러낸다. 그리고 은유는 원관념이 가지고 있지 않은 비유사성을 보조 관념에 포함하여 원관념에 대한 새로운 의미를 창출해 낸다. 이를 고려할 때, ㉮와 ㉯에는 원관념과 보조 관념이 들어가야 하는데, '㉯를 통해 후자의 본질을 드러낸다'고 하였으므로, ㉮에는 '보조 관념'이, ㉯에는 '원관념'이, ㉰에는 '유사성'이 들어가야 한다. 또한 '의미와 변환 내지 확장을 창조'하는 것과 관련된 ㉱에는 '비유사성'이 들어가야 한다.

독해야 산다 1일 1독   NO. 14

출전 유승호, 〈공급 차단 vs 수요 억제… 마약 퇴치 뭐가 더 효과적?〉, 《생글생글》(2024. 10. 14.), 수정

01 정답 ④

해설 4문단에 따르면, 마약 공급 억제 정책은 마약 가격을 높여 장기적으로 마약 신규 수요를 줄일 수 있다. 반면 마약 수요 억제 정책은 마약 가격을 낮춰 마약 시장의 신규 수요를 자극할 수 있다. 따라서 '마약 가격을 통해 장기적으로 신규 마약 구매자를 줄이는 것'이 목적이라면, 마약 퇴치 정책 중 마약 가격을 높여 마약 신규 수요를 줄이는 마약 공급 억제 정책을 시행하는 것이 낫다.

오답 풀이 ① 마약 공급 억제 정책을 시행하면 마약 공급이 억제되어 균형 거래량이 감소된다. 또한 마약 수요 억제 정책도 마약 수요가 억제되어 균형 거래량이 감소된다.
② 마약 공급 억제 정책을 시행하면 마약 가격은 상승하는데, 이를 마약에 중독된 소비자가 구매함에 따라 마약 공급자의 수입은 증가한다. 반면 마약 수요 억제 정책을 시행하면, 마약의 균형 가격이 하락하고 균형 거래량도 감소하므로 마약 공급자의 수입은 감소한다.
③ 2문단의 '마약 공급 억제 정책은 ~ 마약 사범의 처벌을 강화하는 것이다'와 3문단의 '마약 수요 억제 정책은 ~ 처벌도 수요를 억제하는 효과를 낼 수 있다'에서 알 수 있다.

02 정답 ③

해설 〈보기〉의 금주법은 '알코올 음료를 양조·판매·운반·수출입하지 못하게 하는' 것으로, 공급 억제 정책과 관련되어 있다. 따라서 금주법이 폐지됐다는 것은 공급 억제를 하지 않는다는 것과 같다. 이를 고려할 때, 금주법이 폐지된 상황 때문에 '재화 공급이 감소되어 재화의 균형 가격이 상승하는 것'은 적절하지 않다.

오답 풀이 ① 2문단에 따르면, 중독성이 강한 재화의 공급을 억제할 경우, 재화의 가격이 비싸지고 거래량은 소폭 감소한다. 이에 따라 공급업자의 수입은 오히려 증가한다. 따라서 〈보기〉의 '밀주 시장이 커진' 것은 술 공급업자의 수입 증가로 이해할 수 있다.

03 정답 ②

해설 병: ㉮는 마약 금지 정책이 중독성 더 강한 마약을 탄생시켰다는 점을 근거로 마약의 합법화를 주장한다. 미국 정부의 마약 단속 이후 더 강한 신종 마약이 급증했다는 사실은 ㉮가 든 근거에 부합하므로 ㉮의 견해를 강화한다.

오답 풀이 갑: ㉮는 마약 합법화를 주장한다. 따라서 마약 불법화로 인한 부작용은 ㉮의 견해를 약화하지 않는다.
을: ㉮는 마약을 합법화하고 세금을 부과하는 것이 사회적으로 이득이라고 주장한다. 마약 합법화 이후 증가한 공공 의료비가 정부가 걷는 세금보다 많다는 것은 마약 합법화가 사회적으로 이득이 아니라는 의미이므로 ㉮의 주장을 강화하지 않는다.

04 정답 ③

해설 ㉠ ㉠에는 마약 공급 억제 정책이 성공했다고 보기 어려운 이유가 들어가야 한다. 가격 탄력성은 가격 변화에 대해 수요가 변화하는 비율이다. 그리고 마약은 중독성으로 인해 가격이 비싸져도 수요 변화가 크지 않다. 이는 마약의 가격 탄력성이 비탄력적이라는 의미이다. 따라서 ㉠에는 '마약 수요가 가격에 대해 비탄력적이기'가 들어가야 적절하다.

㉡ ㉡에는 마약 공급 억제 정책으로 인해 공급업자의 수입이 증가한 이유가 들어가야 한다. 앞에서 '마약 공급이 줄어들면 마약 가격은 크게 오르지만, 거래량은 소폭 감소한다'라고 했으므로 ㉡에는 '소비 감소 효과보다 가격 상승 효과가 더 크므로'가 들어가야 적절하다.

독해야 산다 ▶ 1일 1독   NO. 15

출전 조정옥, 〈칸딘스키와 몬드리안의 회화에서 감정과 이성〉,《한국예술연구》(2013. 12.), 수정

01 **정답** ④

해설 2문단에 따르면, 인상주의로부터 회화는 차츰 자연의 모방이라는 임무에서 해방되기 시작하여 추상 미술에 이르러 자연의 외관으로부터 완전한 해방에 도달했다. 그리고 회화는 주관의 내면세계와 감정의 표현을 지향하게 된다. 이는 예술을 인간 내면의 감정 표현으로 본 감정주의와 관련이 있는 것이므로, 인상주의가 나타나자 감정주의가 사라졌다고 볼 수 없다. 또한 현대의 다원주의적 예술관이 언제 나타났는지도 알 수 없다.

오답 풀이 ① 마지막 문단의, 플라톤은 감상자가 예술의 감각미에 빠져 이데아를 망각할까 우려했다는 내용에서 알 수 있다.
② 2문단의, 회화가 모방론에서 해방되어 인간의 감정 표현을 지향하게 되는 데에 사진기의 발명이 결정적인 배경이 되었다는 내용에서 알 수 있다.
③ 3~마지막 문단에 따르면, 칸딘스키는 예술가의 내적인 필연성에서 우러나오는 것이라면 어떤 형태라도 사용 가능하다고 보았다. 반면 몬드리안은 곡선을 배제하고, 직선의 형태를 추구했다. 따라서 두 사람의 작품 중 곡선 형태는 칸딘스키의 작품에서만 볼 수 있을 것으로 추론할 수 있다.

02 **정답** ②

해설 ㉮ 칸딘스키는 감정주의와 잘 조화되며, 예술가의 감정 표현을 중시한다. 반면 몬드리안은 감정주의에서 벗어나 감성을 매혹시키지 않는, 이성적인 회화를 추구했다. 따라서 예술의 본질을 '인간 내면의 감정 표현'으로 보는 감정주의를 칸딘스키는 인정할 것이지만, 몬드리안은 인정하지 않을 것이다.
㉰ 3~마지막 문단에 따르면, 칸딘스키와 몬드리안은 예술을 통해 불변하는 법칙을 표현하고자 했다. 또한 칸딘스키와 몬드리안은 각각 내적 필연성에서 우러나오는 형태나 직선과 같은 형태를 예술에 활용하고자 했다. 따라서 칸딘스키와 몬드리안은 모두 형태를 이용해 불변하는 법칙을 표현하는 예술관에 대해 긍정적인 태도를 보일 것이다.

오답 풀이 ㉯ 아름다움을 예술의 본질로 보는 견해는 '유미주의'와 관련이 있다. 그런데 칸딘스키는 예술에서 형태의 단순한 아름다움을 추구하는 유미주의를 비판한다. 또한 몬드리안은 유미주의에서 벗어났으며, 회화를 단순한 아름다움의 추구로 보지 않았다. 따라서 칸딘스키와 몬드리안은 모두 유미주의를 긍정하는 견해에 대해 동의하지 않을 것이다.

03 **정답** ④

해설 〈보기〉에는 이성과 감정 중 감정의 가치를 중시하는 막스 셸러의 견해가 드러난다. 그리고 칸딘스키는 예술가가 작품에서 감정을 표현해야 예술이 진리로 인도할 수 있다고 보았으며, 몬드리안은 감정을 죽이고 이성을 살리는 예술을 추구했다. 따라서 이성보다 감정의 가치를 중시하는 〈보기〉는 칸딘스키의 주장을 강화하고, 몬드리안의 주장을 약화한다.

04 정답 ②

해설 ⓒ '감정주의'는 예술의 본질을 인간 내면의 감정 표현이라고 본다. 의식이 없는 인공 지능이 생성한 이미지가 예술 작품으로 인정받고 있다는 것은 인간 내면이 담기지 않더라도 예술 작품이 될 수 있다는 것이다. 이는 ⓒ과 반대되므로 ⓒ을 뒷받침하지 않는다.

오답 풀이 ① ㉠은 예술의 본질이 자연을 모방하는 것이라 본다. 따라서 '예술이란 가시적 현실을 최대한 똑같이 재현하는 것', 즉 예술의 본질로 모방을 강조하는 것은 ㉠을 뒷받침한다.
③ ㉢은 미적인 것을 예술의 본질로 본다. 따라서 '미(아름다움)'만을 예술의 요건으로 강조하는 것은 ㉢을 뒷받침한다.
④ ㉣은 모든 것이 예술 작품이 될 수 있다고 본다. 따라서 '돌무더기, 죽은 동물의 사체' 등도 예술이라고 주장하는 것은 ㉣을 뒷받침한다.

독해야 산다 1일 1독   NO. 16

출전 리차드 와이즈먼, 〈별자리에 사로잡힌 인생〉, 《괴짜 심리학》, 수정

01 **정답** ④

해설 4~마지막 문단에 따르면, 아이젱크는 첫 번째 실험에서 2,000여 명을, 추가 실험에서 1,000명을 실험 참가자로 선정한다. 그러나 첫 번째 실험의 결과를 신뢰하지 못해 추가 실험을 진행하였으므로 첫 번째 실험의 신뢰도가 높다고 추론할 수는 없다.

오답 풀이 ① 2문단의, (정서 안정성에서) 높은 점수를 받은 사람은 걱정이 많고 자존감이 낮지만, 낮은 점수를 받은 사람은 정서적으로 안정되어 있다는 내용에서 추론할 수 있다.
② 2~3문단에 따르면, 외향성은 에너지 수준이 높고, 내향성은 에너지 수준이 낮다. 그리고 사자자리는 외향성, 황소자리는 내향성이다. 따라서 황소자리인 사람은 사자자리인 사람보다 에너지 수준이 낮다고 추론할 수 있다.
③ 4~마지막 문단에 따르면, 아이젱크의 첫 번째 실험에서 참가자들은 점성가의 고객과 메이오 점성술 학교의 학생들이다. 그리고 추가 실험의 참가자들은 별자리에 대해 알고 있을 가능성이 거의 없는 아이들이다. 따라서 첫 번째 실험보다 추가 실험의 참가자들이 별자리에 대한 지식이 부족할 것이라고 추론할 수 있다.

02 **정답** ②

해설 별자리를 믿는 사람들은 별자리의 예측에 따라 양식화된 행동이 나타났고, 별자리를 모르는 사람들은 별자리의 예측에 따라 양식화되지 않은 행동이 나타났다. 이는 별자리를 믿는 사람들이 별자리에 대해 자신이 알고 있는 지식에 맞춰서 자신의 행동을 보여 주었다는 것을 의미한다. 따라서 빈칸에는 '사람들이 별자리에 따른 기대에 따라 자신의 행동을 맞춰 나간 것'이 들어가야 한다.

오답 풀이 ①·③ 아이젱크의 추가 실험과 마지막 실험에서, 별자리에 대해 알지 못하는 아이들과 어른들은 양식화된 행동을 보여 주지 않았다. 이는 별자리와 인간의 행동이 무관하다는 의미이다. 따라서 인간의 행동과 별자리의 관련성을 설명하는 내용은 빈칸에 들어갈 내용으로 적절하지 않다.
④ 아이젱크는 별자리가 인간의 행동을 예측할 수 있는지를 실험하였다. 외향성과 내향성에 속하지 않는 인간의 존재 여부는 아이젱크의 실험과 관련이 없다.

03 **정답** ③

해설 땅 자리 사람들(전자)은 정서적으로 안정되고, 물 자리 사람들(후자)은 걱정이 많다. 그리고 정서 안정성에서 높은 점수를 받은 사람이 걱정이 많고, 낮은 점수를 받은 사람이 정서적으로 안정되어 있다. 이는 전자의 정서 안정성 점수가 낮고, 후자의 정서 안정성 점수가 높음을 의미한다. 따라서 ⓒ을 '점수가 높은 것이다'로 수정하는 것은 적절하다.

오답 풀이 ① 사람들의 성격이 몇 안 되는 근본적인 차원들에서만 차이가 난다는 앞의 내용을 고려할 때, ㉠은 수정하지 말고 그대로 두어야 적절하다.
② ㉡의 주어는 정서 안정성에서 낮은 점수를 받은 사람들이다. 이들은 실패에 의연하고 이내 원기를 회복한다. 따라서 ㉡은 수정하지 말고 그대로 두어야 한다.
④ 외향성과 관련된 별자리에서 태어난 사람들은 외향적이고, 물의 별자리에서 태어난 사람들은 신경질적이라는 것이 연구 결과이다. 이는 점성술 옹호자들의 예측대로 별자리에 따라 개개인의 사고와 행동이 나타났다는 것이므로 ㉢은 수정하지 말고 그대로 두어야 한다.

04 정답 ④

해설 ㉮ 별자리를 모르는 아이들을 대상으로 한 Ⓐ의 결과는 외향성과 내향성 수준이 별자리와 무관하다는 것이다. Ⓐ의 실험 참가자 중에서 외향적 별자리인데 성격이 내향적인 경우가 많다는 것은 외향성-내향성 수준이 별자리와 무관하게 나타난다는 사실을 뒷받침한다. 따라서 Ⓐ의 결과를 강화한다.

㉯ 무작위로 선별한 사람들의 별자리와 성격이 일치한다는 것은 별자리가 개인의 성격을 예측하는 데 도움을 준다는 의미이다. 이는 '별자리가 개인의 사고와 행동을 예측한다'라는 결과를 낸 Ⓑ를 강화한다.

㉰ Ⓒ는 별자리에 따른 성격 특성을 잘 알면 점성술이 예측하는 행동 양식에 순응하고, 별자리에 따른 성격 특성을 잘 모르면 점성술이 예측하는 행동 양식을 보여 주지 않는다는 결과를 도출했다. 별자리에 대한 지식이 많을수록 별자리가 예측하는 행동을 보여 주었다는 것은 별자리에 대한 지식이 그에 따른 행동을 결정하는 데 영향을 미쳤다는 것이므로 Ⓒ의 결과를 강화한다.

독해야 산다 1일 1독   NO. 17

출전 박남기, 〈'순진한 실재론'과 '자기 객관화' 능력〉, 《서울신문》(2016. 12. 4.), 수정

01 정답 ②

해설 3문단의, 복 뇌측 전전 두피질이라는 뇌 부위는 자신과 같은 부류의 사람들의 생각을 유추할 때, 자기 자신에 대해 생각할 때 쓰인다는 내용에서 추론할 수 있다.

오답 풀이 ① 프로닌과 로스가 인간의 자기 객관화 능력의 중요성을 주장했는지는 제시문에 나오지 않는다. 이는 4문단에서 글쓴이가 주장한 바이다.
③ 3문단에 따르면, 뇌가 자신과 같은 부류의 사람들의 생각을 유추할 때와 다른 부류의 사람들의 생각을 유추할 때 서로 다른 뇌 부위를 사용하기 때문에 순진한 실재론이 발생한다. 뇌가 자기 자신만 생각하고 타인은 생각하지 못하는 것은 아니다.
④ 순진한 실재론자들은 불완전하고 자기중심적인 뇌 구조 때문에 인종 문제, 종교 문제 등과 같은 다양한 사회적 갈등이 발생할 수도 있다고 주장했다. ④는 인과 관계가 뒤바뀐 것이다.

02 정답 ③

해설 마지막 부분에 글쓴이가 말하고자 하는 바가 잘 나타나 있다. 즉 인간은 뇌의 불완전성과 자기중심성으로 인해 순진한 실재론과 같은 편향된 신념 체계를 갖게 되는데, 이는 자기 객관화 능력을 통해 극복될 수 있다. 그리고 자기 객관화 능력은 교육을 통해 길러질 수 있다. 따라서 교육을 통한 자기 객관화 능력으로 순진한 실재론을 극복해야 한다는 것이 글쓴이가 궁극적으로 말하고자 하는 바로 가장 적절하다.

오답 풀이 ①·② 순진한 실재론에 빠지는 것, 뇌의 불안전성과 자기중심성 때문에 인간이 편향된 신념 체계가 나타난 것 등은 교육을 통해 자기 객관화 능력을 길러야 하는 이유에 해당한다.
④ 개인의 신념 체계와 자기 객관화 능력의 조화는 글쓴이가 언급한 내용이 아니다.

03 정답 ②

해설 ㉮는, 자신과 타인의 견해가 다를 때 내가 올바르고 타인은 옳지 않은 상태라고 보는 순진한 실재론을 의미한다. B는 자신이 아니라 다른 사람들의 견해가 옳다고 믿고 이에 따르고 있으므로 ㉮의 사례로 적합하지 않다.

오답 풀이 ①·③·④ A, C, D는 모두 자신의 입장과 다른 사람들의 입장이 서로 다를 때, 그들은 정보가 부족하거나 이데올로기, 사리사욕 등에 영향을 받고 있다고 여기고 있다. 이는 순진한 실재론인 ㉮의 사례로 적합하다.

04 정답 ①

해설 ㉠은 나를 제외한 '다른 사람들'을 의미하고, ㉡은 순진한 실재론이라는 개념을 제시한 '프로닌과 로스'를 의미한다. ㉢은 나를 제외한 '다른 사람들'을 의미하고, ㉣은 '순진한 실재론자들'을 의미한다. ㉤은 자기중심적인 '사람들'을 의미한다. 따라서 문맥적 의미가 같은 것은 ㉠과 ㉢이다.

독해야 산다 1일 1독   NO. 18

출전 이인식, 〈무소유와 소유 효과〉, 《매일경제》(2016. 5. 13.), 수정

01 정답 ①

해설 2~3문단에 소유 효과를 확인하기 위한 리처드 탈러의 실험이 나온다. 이에 따르면, 각 실험 집단에서 선택하는 사항이 달랐다. 이는 사람들이 자신이 소유한 물건을 더 가치 있게 여겨 그런 것이지, 머그보다 초콜릿을 훨씬 더 좋아해서 그런 것은 아니다.

오답 풀이 ② 탈러는 자신이 1980년에 명명한 소유 효과가 손실 회피 성향 때문에 나타난다고 주장했다. 그리고 손실 회피는 1979년 대니얼 카너먼의 논문에 처음 등장한 용어이므로 적절한 추론이다.
③ 4문단의, 대니얼 카너먼은 손실에 훨씬 더 과민하게 반응하는 사람의 성향 때문에 비합리적 의사 결정이 발생한다고 보았다는 내용에서 추론할 수 있다.
④ 마지막 문단에 따르면, 윌리엄 매덕스는 아시아인과 서구인들을 대상으로 한 실험을 통해 소유 효과 발생 정도를 확인한다. 그 결과 문화권에 따라 소유 효과가 다르게 나타날 수 있음을 발견했으므로 ④는 적절한 추론이다.

02 정답 ③

해설 Ⓐ에는 자신의 소유물을 과대평가하는 '소유 효과'의 사례가 들어가야 한다.
㉮ 자신이 소유한 포도주의 가치가 올랐음에도, 그 가치를 더 높게 보아 팔지 않은 것이므로 소유 효과의 사례로 적절하다.
㉰ 구매한 제품에 결함이 있어도 자신의 소유한 물건에 높은 가치를 부여하여 반품하지 않는 것이므로 소유 효과의 사례로 적절하다.

오답 풀이 ㉯ 비싸게 산 제품에 문제가 생겨 손해를 감수하고서라도 처분하는 것은 자신의 소유한 물건의 가치를 높게 평가하는 것과 무관하다. 따라서 소유 효과의 사례로 적절하지 않다.

03 정답 ④

해설 이익과 손실 중 손실에 훨씬 더 과민하게 반응하는 것이 손실 회피 현상이다. 이를 바탕으로 할 때, '손실로 인한 불만족'과 '이익으로 인한 만족' 중 사람들이 더 크게 지각하는 것은 '손실로 인한 불만족'이다. 따라서 ㉣을 '손실로 인한 불만족을 이익으로 인한 만족보다'로 수정하는 것은 적절하다.

오답 풀이 ① ㉠이 포함된 문장은 뒤에 나오는 '소유 효과', 즉 자신의 소유물을 과대평가하는 현상을 설명한 것이다. 따라서 ㉠은 수정하지 말고 그대로 두어야 적절하다.
② 첫 번째 집단은 머그를 주고 초콜릿과 교환하게 했다. 그리고 머그를 선택한 비율이 89%였다. 이는 머그를 초콜릿과 교환하지 않은 비율이 89%라는 의미이므로 ㉡은 수정하지 말고 그대로 두어야 한다.
③ 두 번째 집단은 초콜릿을 주고 머그와 교환하게 했다. 그리고 머그를 선택한 비율이 10%이었다. 이는 초콜릿을 머그와 교환하지 않은 비율이 90%라는 의미이므로 ㉢은 수정하지 말고 그대로 두어야 한다.

04 정답 ③

해설 측위 신경핵이 손상된 사람에게 소유 효과가 나타나지 않았다는 것은 소유 효과와 측위 신경핵이 깊게 연관되어 있음을 의미한다. 이는 측위 신경핵이 손실에 대한 두려움을 유발해 소유 효과가 나타난다고 한 브라이언 넛슨의 주장을 뒷받침하므로 그의 주장은 강화된다.

오답풀이 ① 주식이 하락할 때 소유한 주식을 바로 팔아버린다는 것은, 소유물의 가치를 높게 평가하는 것이 아니다. 따라서 소유 효과를 주장한 리처드 탈러의 주장을 강화하지 않는다.
② 100만 원의 이득과 10만 원의 손실 중 후자를 선택한다는 것은 손실에 훨씬 과민하게 반응함을 의미한다. 이는 손실 회피를 주장한 대니얼 카너먼의 주장을 뒷받침하므로 그의 주장은 약화되지 않는다.
④ 한국인보다 미국인에게 더 강한 소유 효과가 일어난다는 것은 아시아 문화권보다 서구 문화권에서 소유 효과가 더 강하게 일어난다는 윌리엄 매덕스의 주장에 부합한다. 따라서 윌리엄 매덕스의 주장은 약화되지 않는다.

독해야 산다 1일 1독   NO. 19

출전 노명식, 《프랑스 혁명에서 파리 코뮌까지 1789~1871》, 수정

01 **정답** ②

해설 1문단에서 계몽사상의 등장 배경을 설명한 후, 2~마지막 문단에서는 계몽 사상가인 몽테스키외, 볼테르, 루소의 견해와 그 특징을 나열하고 있다.

오답 풀이 ① 2~마지막 문단에, 몽테스키외, 볼테르, 루소의 서로 상반된 견해가 나타난다. 그러나 이들의 견해를 절충한 내용은 나타나지 않는다.
③ 3~마지막 문단에, 세 계몽 사상가들에 대한 글쓴이의 평가가 일부 나온다. 하지만 이들에 대한 평가의 변화는 나오지 않는다.
④ 몽테스키외, 볼테르, 루소의 각 견해가 나올 뿐, 이들의 각 견해가 시간의 흐름에 따라 변화하는 과정은 나오지 않는다.

02 **정답** ②

해설 2~3문단에 따르면, 몽테스키외는 귀족 출신으로서 절대 군주 정치를 부정하지 않았다. 또한 볼테르도 군주제를 부정하지는 않았다. 다만 볼테르는 귀족이 아니라 부르주아였다.

오답 풀이 ① 1문단의, 근세의 기계론적 우주관은 경험론과 합리주의를 낳았고, 이 두 철학의 흐름이 결합하여 계몽사상을 낳았다는 내용에서 알 수 있다.
③ 3~마지막 문단에서 알 수 있다. 즉 볼테르는 입헌 군주제를 예찬하고, 군주들에게 계몽사상에 의한 위로부터의 개혁을 기대했다. 반면 루소는 절대 왕정을 계몽적인 입헌 군주제로 개량하는 미온적인 개혁에는 흥미가 없었다.
④ 마지막 문단의, 루소의 사회 계약론에 의하여 비로소 인권 사상과 평등사상이 대두하였다는 데에서 알 수 있다.

03 **정답** ③

해설 3문단에서 볼테르는, 귀족, 성직자와 같은 특권 신분을 끌어내리면서도, 자신과 같은 부르주아의 평등은 열심히 주장했다. 이는 귀족, 성직자와 같은 계급의 특권은 비판하면서도, 부르주아의 특권은 인정한 것이므로 모순적 태도라고 할 수 있다. ③의 견해는 이러한 볼테르의 태도를 지적한 것이므로 볼테르의 주장은 약화된다.

오답 풀이 ① 진보적인 이성의 결과가 인간과 자연에 부정적 영향을 미칠 수 있다는 것은 '이성'을 최고의 기준으로 본 계몽 사상가들의 주장을 반박한다. 따라서 계몽 사상가들의 주장은 강화되지 않는다.
② 몽테스키외는 삼부회나 고등 법원 같은 중간 집단에 의한 견제로 군주제의 타락을 방지할 수 있다고 주장한다. 따라서 절대 군주의 타락이 어떠한 것으로도 견제될 수 없다는 것은 몽테스키외의 주장을 강화하지 않는다.
④ 루소는 인간 사회는 그 구성원들의 계약에 의하여 성립되고 모든 주권은 그 계약에 동의한 인민에게 있다고 주장한다. 따라서 국민의 주권을 인정하고, 국민이 국가보다 더 높은 위치에 있다는 견해는 루소의 주장을 뒷받침하므로 루소의 주장은 약화되지 않는다.

04 정답 ③

해설 ㉠·㉡·㉣은 이성에 대한 신념을 가지고 18세기 사회의 모순을 제거하고자 한 '계몽 사상가들'을 지시한다. 반면 ㉢은 계몽 사상가들이 계몽하고자 한 대상, 즉 '사람들'을 지시한다. 따라서 지시 대상이 다른 하나는 ㉢이다.

독해야 산다 1일 1독 — NO. 20

출전 2021학년도 법학적성시험, 발췌 및 수정

01 **정답** ③

해설 3문단에 따르면, 애쓰모글루는 지속적인 경제 성장을 위해서는 정치 제도가 먼저 변화해야 한다고 주장한다. 따라서 선진적인 정치 제도를 채택하였음에도 불구하고 경제 성장을 이루지 못한 저소득 국가가 있으면, 애쓰모글루의 주장은 약화된다.

오답 풀이 ① 삭스는 빈곤의 원인으로 지리적 요인을 강조한다. 그는 가난한 국가들이 열대 지역에 위치하고, 이들은 빈곤이 악순환되어 빈곤에서 벗어날 수 없다고 주장한다. 따라서 같은 열대 지역이라도 경제 성장한 나라가 존재한다면 삭스의 주장은 반박되므로, 삭스의 주장은 강화되지 않는다.
② 이스털리는 외국의 원조가 경제 성장에 도움이 되지 않는다고 본다. 따라서 외국의 원조가 소득 향상에 도움이 되었다면 이스털리의 주장은 강화되지 않는다.
④ 빈곤의 덫을 단정적으로 해석하거나 해결하려는 시도가 부정적 결과를 가져온다는 사실은 빈곤의 덫이 있는지 없는지 단정하지 말라고 한 뒤플로의 주장을 뒷받침한다. 따라서 뒤플로의 주장은 약화되지 않는다.

02 **정답** ①

해설 ㉮ 삭스는 가난한 나라의 사람들이 빈곤의 덫에서 빠져나오기 위해 외국의 원조가 필요하다고 했다. 이는 빈곤의 덫이 있다고 본 것이다. 반면 이스털리는 빈곤의 덫 같은 것은 없다고 본다. 따라서 삭스와 이스털리는 빈곤의 덫에 대한 견해가 서로 다르다.
㉯ 이스털리는 빈곤을 해결하기 위해 자유로운 시장이 잘 작동해야 한다고 본다. 반면 애쓰모글루는 빈곤의 원인은 나쁜 제도인데, 자유로운 시장에 맡겨 둔다고 나쁜 제도가 저절로 사라지는 것은 아니라고 본다. 이는 자유로운 시장의 작동이 빈곤을 해결한다는 데에 이스털리는 동의하고, 애쓰모글루는 동의하지 않는 것이므로 둘의 견해는 서로 다르다.

오답 풀이 ㉰ 애쓰모글루는 빈곤의 원인이 나쁜 제도라고 생각하므로 나쁜 제도 하에서 빈곤을 해결할 수 없다고 볼 것이다. 반면 배너지는 나쁜 제도가 존재하는 상황에서도 빈곤을 개선할 여지가 많다고 본다. 따라서 나쁜 제도 하에서 빈곤을 해결할 수 있다는 데에 애쓰모글루는 동의하지 않고, 배너지는 동의할 것이다.

03 **정답** ②

해설 마지막 문단에서 배너지와 뒤플로는 가난한 사람들이 어떻게 살아가는지, 도움이 필요한지 등을 파악하여 빈곤 퇴치에 도움이 되는 지식을 얻어야 한다고 주장한다. 이는 가난에 대한 구체적 지식을 얻어야 빈곤을 퇴치할 수 있다는 의미이다. 즉 배너지와 뒤플로는 빈곤을 퇴치하지 못한 이유가 빈곤에 대한 지식이 없었기 때문이라고 본 것이다. 따라서 빈칸에는 '빈곤에 대한 지식이 빈곤하기'가 들어가야 적절하다.

오답 풀이 ① 가난한 사람에 대한 지원이 필요한 경우는 현실 세계를 S자 모양으로 보는 경우에 한한다. 뒤집어진 L자 모양에 해당하는 사람들은 이에 해당하지 않는다.
③ 배너지와 뒤플로는 빈곤의 덫이 있고 없음을 단정하지 말라고 말했으므로 '빈곤의 덫이 있다'는 것 자체가 빈곤을 퇴치하지 못하는 원인일 수는 없다.

04 정답 ④

해설 ㉠은 '정치권력을 가진 사람들'을 의미하고, ㉡은 빈곤의 덫에 대한 견해를 설명하는 '배너지와 뒤플로'를 의미한다. ㉢은 뒤집어진 ㄴ자 모양의 대상자인 '가난한 사람들'을 의미하고, ㉣은 빈곤하게 살아가는 사람들, 즉 '가난한 사람들'을 의미한다. 따라서 지시 대상이 같은 것은 ㉢과 ㉣이다.

독해야 산다 1일 1독   NO. 21

출전 김광웅 외, 〈정치 불참의 의미와 성격〉, 《정당·선거·여론》, 수정

01   **정답** ④

해설 ㉴ 1문단에 따르면, 매킨타이어는 공동체적 정치관을 대표하는 사상가이다. 또한 4문단에 따르면, 공동체적 정치관에서는 인간이 자연적으로 정치 생활에 적극적으로 관여한다고 본다. 정치에 관심을 갖고 참여하려는 성향이 인간의 본능이라는 것은 공동체적 정치관에 부합하므로, 매킨타이어의 정치관은 강화된다.

오답 풀이 ㉮ 로크는 도구적 정치관을 대표하는 사상가이다. 청년 세대와 기성세대의 정치 관심도 비교는 정치 참여는 이익을 위한 수단이며, 인간이 기본적으로 비정치적이라는 도구적 정치관과는 무관하다. 따라서 로크의 정치관을 약화하지 않는다.
㉯ 홉스는 도구적 정치관을 대표하는 사상가이다. 자신의 이득과 관련이 있을 때에만 정치에 관심을 갖는 것이 인간의 본성이라는 것은 경제적 이익을 위해 무언가를 원할 때 정치에 참여한다는 도구적 정치관에 부합한다. 따라서 홉스의 정치관을 약화하지 않는다.
㉰ 아리스토텔레스는 공동체적 정치관을 대표하는 사상가이다. 3문단에 따르면, 공동체적 정치관은 인간됨을 위해서 정치 참여가 필수적이라고 본다. 인간됨이 완성된 사람 중에 정치 참여를 하지 않는 사람이 있다는 것은 이러한 공동체적 정치관의 주장을 반박하는 것이다. 따라서 아리스토텔레스의 정치관은 강화되지 않는다.

02   **정답** ①

해설 빈칸에는 공동체적 정치관을 지닌 '갑'의 조언에 해당하는 공동체적 정치관과 관련된 내용이 들어가야 한다. 3문단에 따르면, 공동체적 정치관에서는 개인의 자아 발전, 인간됨 등을 위해 정치 활동이 필요하다고 보고 있다. 따라서 '인간다움의 실현과 개인의 자아 발전을 위해서 정치 활동에 참여해야 한다'가 빈칸에 들어갈 말로 가장 적절하다.

오답 풀이 ②·③·④ '정치적 무관심이 자연스러운 현상', '다른 사람으로부터 자신의 이익과 권력을 보호하기 위해서 정치 활동에 참여', '정치가들의 권력 남용을 방지하기 위한 정치 활동 참여' 등은 모두 도구적 정치관과 관련된 설명이다. 따라서 빈칸에 들어갈 말로 적절하지 않다.

03   **정답** ④

해설 4문단에 따르면, 공동체적 정치관은 인간을 정치적 동물로 보고, 도구적 정치관은 이를 부인한다. 이에 따라 공동체적 정치관에서는 정치적 무관심이나 불참이 특별한 설명이 필요한 것이 되고, 도구적 정치관에서는 인간의 자연적 상태가 정치적 활동의 부재라고 본다.
ⓐ·ⓓ 시민들이 정치에 참여하지 않거나 무관심한 현상을 '초연함'으로 보고, 정상적인 것으로 여기는 것은 정치적 무관심이나 불참을 인간의 자연적 상태로 보는 '도구적 정치관'과 관련된다. 따라서 ⓐ와 ⓓ에는 '도구적'이 들어가야 한다.
ⓑ·ⓒ 시민들이 정치에 참여하지 않거나 무관심한 현상을 '소외'로 보고, 정치적 활동을 인간의 기본적 욕구라고 보는 것은 인간이 정치적 동물이라고 보는 '공동체적 정치관'과 관련된다. 따라서 ⓑ와 ⓒ에는 '공동체적'이 들어가야 한다.

04 정답 ②

해설 ⓐ '이 정치관'은 정치적 무관심이나 비참여를 정상적으로 보면서, 정치 참여를 보조적 활동으로 이해하는 관점이므로 '도구적 정치관'을 의미한다. ㉠~㉣을 앞에 나온 내용의 순서에 맞춰 보면, ㉠은 '도구적 정치관', ㉡은 '공동체적 정치관', ㉢은 '공동체적 정치관', ㉣은 '도구적 정치관'을 의미한다. 따라서 문맥상 ⓐ에 해당하는 의미로 사용된 것을 모두 고르면 ㉠과 ㉣이다.

독해야 산다 1일 1독 NO. 22

출전 〈시간 심리학 입문〉,《NEWTON》(2025. 4.), 수정

01 정답 ④

해설 ⓐ 1문단에 따르면, 물리적 시간은 시계로 규칙적으로 재는 객관적인 시간의 길이이고, 심리적 시간은 인간이 주관적으로 느끼는 시간의 길이로, 상황에 따라 늘고 줄 수 있다. 따라서 심리적 시간은 상황에 따라 물리적 시간보다 짧거나 길 수 있다.
ⓑ 자네는 심리적 시간이 나이에 반비례한다고 주장한다. 따라서 자네는 나이가 들수록 심리적 시간이 짧아진다고 본다. 반면 이치가와는 나이가 들수록 심리적 시간이 느려진다고 주장한다.
ⓒ 자네에 따르면, 나이를 분모로 해서 1년의 길이를 느낀다. 또한 호글랜드는 대사가 활발해지면 실제 시간의 흐름을 느리게 느낀다고 보는데, 어린이가 어른보다 일반적으로 대사가 빠르다. 따라서 자네와 호글랜드는 모두 동일한 물리적 시간에 대해 어린이가 어른보다 더 길게 느낀다는 데에 동의한다.

02 정답 ③

해설 여름보다 겨울에 시간이 빠르게 흐르는 것처럼 느끼는 이유는 아침에 시간이 빠르게 흐르는 것처럼 느끼는 이유와 같다. 즉 아침에 일어난 직후에는 체온이 낮아 대사가 느려진다. 그러면 심리적 시간의 흐름이 느려지는 반면 물리적 시간의 흐름은 변하지 않아 아침에 시간이 빠르게 흐른다고 느낀다. 마찬가지로 여름보다 겨울에 체온이 낮으므로 대사가 느리다. 그러면 심리적 시간의 흐름이 느려지는 반면 물리적 시간의 흐름은 변하지 않아 겨울에 시간이 더 빠르게 흐른다고 느끼는 것이다. 따라서 ③이 Ⓐ에 들어갈 내용으로 가장 적절하다.

03 정답 ④

해설 호글랜드는 대사가 활발해지면 체온이 오르고, 대사가 활발해지면 심리적 시간의 흐름이 빨라진다고 주장한다. 고열인 사람이 물리적 시간이 60초가 되지 않았음에도 60초가 지났다고 느낀 것은 심리적 시간을 빠르게 인식한 것이므로 호글랜드의 주장을 뒷받침한다. 따라서 호글랜드의 주장은 강화될 것이다.

오답풀이 ① 2문단에서 피에르 자네는 '심리적 시간은 나이에 반비례한다'라고 주장한다. 이는 나이가 들수록 심리적 시간을 빠르게 느낀다는 것이다. 그런데 청년기에 비해 청소년기와 노년기에 시간이 상대적으로 느리게 느껴진다는 것은 심리적 시간과 나이가 반비례하지 않음을 의미한다. 따라서 지네의 주장은 강화되지 않는다.
② 다양한 외부 자극이 주어졌을 때 나이가 많은 사람이 적은 사람에 비해 물리적 시간의 흐름을 빠르게 느낀다는 것은 '나이가 많아질수록 실제 시간이 빠르게 느껴지는 이유'를 실험을 통해 증명한 이치가와의 주장을 뒷받침한다. 따라서 이치가와의 주장은 약화되지 않는다.
③ 4문단에 나온 신경 과학적 관점에 따르면, 체온이 올라 신경 활동이 활발해지면 펄스가 빠르게 축적되어 시간의 흐름을 느리게 느끼게 된다. 체온이 신경 활동 수준에 영향을 미친다는 것은 신경 과학적 관점이 주장하는 내용을 뒷받침하므로 신경 과학적 관점은 약화되지 않는다.

04 정답 ②

해설 ㉮는 누구에게나 평등하게 주어진 것이므로, 객관적인 시간인 '물리적 시간'을 의미한다. ㉠·㉢·㉣은 3분이라는 객관적인 시간이므로 '물리적 시간'이다. 따라서 ㉮에 해당하는 의미로 사용되었다. 반면 ㉡은 나이가 많아질수록 느리다고 느껴지는 시간, 즉 인간이 주관적으로 느끼는 시간인 '주관적 시간'이다. 따라서 문맥상 ㉮에 해당하는 의미로 사용되지 않은 것은 ㉡이다.

독해야 산다 1일 1독   NO. 23

출전 주철현, 〈진화론으로 본 딥시크와 챗지피티…공개와 폐쇄의 '대결'〉, 《한겨레》(2025. 2. 7.), 수정

01 정답 ③

해설 2문단에서 추론할 수 있다. 중국은 챗지피티에 필적하는 딥시크를 개발하였는데, 딥시크 개발진은 정보를 숨기던 미국 기업과 달리 프로그램 소스를 투명하게 공개함으로써 인공 지능 생태계를 열린 개발 환경으로 전환하였다.

오답 풀이 ① 2문단의, 미국 기업은 공개 개발을 통해 성장해 폐쇄 개발로 돌아섰다는 내용을 고려할 때, ①의 추론은 적절하지 않다.
② 2문단에 따르면, 미국은 자국 기업의 최신 하드웨어가 중국으로 수출되는 것을 막았고, 중국은 성능과 용량이 떨어지는 이전 세대의 낡은 하드웨어로 딥시크를 만들었다. 따라서 딥시크의 하드웨어가 챗지피티의 하드웨어보다 뛰어난 성능을 가졌다는 추론은 적절하지 않다.
④ 1문단의, '하드웨어 투입으로 얻는 지능의 상승 폭이 점점 줄어든다'를 바탕으로 할 때, 잘못된 추론임을 알 수 있다.

02 정답 ④

해설 ㉮ A는 모든 정보가 경쟁으로 진화한다고 주장한다. 기술 진화가 기업 간 경쟁이 아닌 협업으로 이루어졌다는 것은 A의 주장을 반박한다. 따라서 A의 주장은 약화된다.
㉯ A는 정보가 진화하는 과정이 유전 정보의 진화와 유사하다고 주장하면서, 환경이 변화하면 기존의 생태계를 지배하는 종은 죽고 새로운 종이 새로운 지배자가 된다고 말한다. 따라서 환경 변화에 따라 기존의 학문 이론이 폐기되고 새로운 이론이 주류가 되는 사례는 A의 주장에 부합하므로, A의 주장은 강화된다.
㉰ A는 환경에 변화가 생기면 생태계를 지배하던 종은 죽고, 새로운 종이 새로운 지배자가 된다고 주장한다. 따라서 환경이 변화되었는데 기존의 강자가 여전히 그 지위를 유지하는 사례는 A의 주장을 약화한다.

03 정답 ②

해설 ㉠의 주체는 '인공 지능 패권 경쟁의 변방으로 밀려난 우리나라'이다. 국내 인공 지능 기술이 세계적 위상에 올랐다는 것은 '인공 지능 패권 경쟁의 변방으로 밀려난' 우리나라 상황과 모순되므로 ㉠의 내용으로 볼 수 없다.

오답 풀이 ①·③·④ 마지막 문단에 따르면, 인공 지능의 진화가 일어나려면 환경 변화와 다양성이 필수이다. 따라서 인공 지능 패권 경쟁에서 밀린 우리나라가 다시 중심으로 나아가기 위해서는 인공 지능의 생태계의 환경을 변화시키고 다양성을 갖춰야 한다. 연구 환경의 변화에는 연구비가 가장 큰 비중을 차지하고, 연구비를 움직이는 것은 대중의 관심이다. 그리고 인공 지능 생태계의 다양성은 젊은 연구자들로부터 나온다. 따라서 인공 지능에 대한 국민적 관심을 높이고, 젊은 개발자들을 육성하며, 연구비에 지속적으로 투자하는 것은 ㉠의 내용으로 적절하다.

04 정답 ①

해설 마지막 문단에 따르면, 대중의 관심이 올라가면 해빙기가 되고, 대중이 관심이 없거나 실망하면 빙하기가 된다. ⓐ는 대중의 관심이 없는 상황이므로 ⓐ에는 '빙하기'가 들어가야 한다. 반면 ⓑ는 대중의 관심이 올라간 상황이므로 ⓑ에는 '해빙기'가 들어가야 한다. ⓒ는 대중의 기대가 있었던 상황이므로 ⓒ에는 '해빙기'가 들어가야 한다. ⓓ는 대중이 실망한 상황이므로 ⓓ에는 '빙하기'가 들어가야 한다.

독해야 산다 1일 1독   NO. 24

출전 나영인, 〈생물학과 사회 과학의 불편한 만남〉, 《대학신문》(2011. 11. 06.), 수정

01 정답 ③

해설 4문단에 따르면, 윌슨은 인간의 행동도 궁극적으로 유전자의 불가피한 표현이기 때문에 인간의 제도, 종교, 문화, 도덕적 판단도 유전자의 생존과 번식을 위해 봉사한다고 주장했다. 이러한 윌슨의 주장을 사회 생물학 연구회는 비판했다.

오답 풀이 ① 2·4문단에 따르면, 다윈은 개체 중심적인 자신의 이론으로 인간 사회의 이타적 행위를 설명할 수 없었다. 반면 사회 생물학은 개체 수준에서 설명할 수 없었던 이타적 행위가 자신의 복사체들을 퍼뜨리기 위한 이기적 유전자로 인해 나타난 것이라고 설명했다.
② 2문단의, '개체들 간 '(돌연)변이'가 존재해야 자연 선택이 일어날 수 있는데'와 일치하는 내용이다.
④ 1·3문단의, 사회다윈주의자들은 그(다윈)의 이론을 나치의 인종 정책에 이용했다는 내용과 사회 생물학은 다윈의 이론에 입각해 인간과 동물의 사회적 행동을 연구하는 학문이라는 내용에서 알 수 있다.

02 정답 ②

해설 ㉮ 4문단에서 윌슨은 인간의 행동도 궁극적으로 유전자의 불가피한 표현이라고 주장한다. 이는 유전자에 따라 인간의 행동이 결정된다는 것이다. 유전자의 다름과 유사함에 따라 동일한 상황에서 각각 다양한 반응과 동일한 반응이 나왔다는 사실은 유전자가 인간의 행동을 결정한다는 것이므로 윌슨의 주장을 강화한다.
㉰ 3문단에 따르면, 트리버스는 비혈연자들 간 이타주의를 호혜적 이타주의로 설명한다. ㉰는 비혈연 개체에게 도움을 받고, 그 도움을 바탕으로 다시 호의를 제공하는 침팬지의 사례로, 이는 트리버스의 주장을 뒷받침한다. 따라서 트리버스의 주장은 강화된다.

오답 풀이 ㉯ 2문단에 따르면, 진화 생물학자들은 진화가 더 나은 방향으로만 진보하는 것이 아니라고 주장한다. 따라서 생물에게 유익하지 않은 방향으로 진화한 사례는 진화 생물학자들의 주장을 뒷받침한다. 따라서 진화 생물학자들의 주장은 약화되지 않는다.

03 정답 ④

해설 조건문 'p이면 q이다'에서, 만일 p가 존재하면 q도 존재하고, 만일 p가 존재하지 않으면 q도 존재하지 않을 때, 전건 p를 후건 q의 필요충분조건이라고 한다. 그러나 빈칸의 뒤에서 유전자 a와 표현형 P는 필요충분조건 관계가 아니라고 했다. 따라서 빈칸에는 '유전자 a가 있다고 해도 표현형 P가 반드시 나타난다고 볼 수도 없고, 유전자 a가 없다고 해도 표현형 P가 반드시 나타나지 않는다고 볼 수도 없다'가 들어가야 한다.

오답 풀이 ① 유전자 a이면 표현형 P이고, 표현형 P이면 유전자 a라는 것은 유전자 a와 표현형 P가 서로 필요충분조건 관계라는 의미이다. 이는 글의 내용과 배치된다.
② 유전자 a가 아니면 표현형 P도 아니고, 표현형 P가 아니면 유전자 a도 아니라는 것은 '~유전자 a → ~표현형 P', '~표현형 P → ~유전자 a'로 기호화할 수 있다. 이는 유전자 a와 표현형 P가 서로 필요충분조건 관계임을 의미한다.
③ '표현형 P가 나타나지 않았다면 유전자 a가 없다고 확신할 수 있다'는 표현형 P가 유전자 a의 필요조건이라는 의미이다. 그러나 글에서는 유전자 a와 표현형 P가 '필요충분조건 관계가 아닌 것'이라고 했으므로 적절하지 않다.

04 정답 ①

해설 ㉠과 ㉡은 다윈의 이론을 나치의 인종 정책에 이용한 '사회 다윈주의자들'을 지시하고, ㉢은 자연 선택의 진정한 의미를 설명한 '진화 생물학자들'을 지시한다. ㉣은 사회 생물학 연구회에게 비판을 받은 '사회 생물학자들'을 지시하고, ㉤은 르원틴, 스티븐 굴드가 속한 '사회 생물학 연구회'를 의미한다. 따라서 지시 대상이 동일한 것은 ㉠과 ㉡이다.

독해야 산다 ▶ 1일 1독　　　　　　　　　NO. 25

출전 박종현, 〈좋은 시민의 양손, 인센티브와 도덕 감정〉, 《한겨레》(2017. 5. 29.), 수정

01 **정답** ②

해설 마지막 부분에 논지가 제시된 미괄식 구조의 글이다. 좋은 사회를 이루는 방법으로 도덕 감정을 제시한 철학자들의 주장과 가격과 인센티브의 작동을 제시한 경제학자들의 주장에 모두 한계가 있음을 지적하고 있다. 그러면서 인센티브와 도덕적 메시지를 어떻게 결합하는가에 따라 그 결과(사회에 미치는 영향)가 달라질 수 있다고 주장하고 있다. 따라서 인센티브와 도덕적 메시지의 결합을 강조한 내용이 중심 내용으로 가장 적절하다.

오답 풀이 ①·③ 철학자들 혹은 경제학자들의 주장만 제시한 것은 중심 내용으로 적절하지 않다.
④ 인센티브의 적절한 수준의 제시는 제시문에서 언급한 내용이 아니다.

02 **정답** ①

해설 ㉮ 3문단에 따르면, 샌델은 인센티브가 우리의 도덕 감정을 몰아내고 사회적 규범을 훼손한다고 주장한다. 직원들에게 제공한 인센티브가 업무 효율을 향상시켰다는 사례는 인센티브가 도덕 감정이나 사회적 규범을 훼손하는 것과 관련이 없으므로, 샌델의 입장은 강화되지 않는다.

오답 풀이 ㉯ 도덕적 법칙이 사회 정의에 영향을 미친다는 것은 좋은 사회를 이루는 방법으로 사람들의 도덕 감정 고양을 제시한 철학자들의 주장을 뒷받침한다. 따라서 철학자들의 입장은 강화된다.
㉰ 벌금 도입이 쓰레기 분리수거와 같은 사회적 규범을 훼손한 사례이다. 이는 인센티브가 사회 전체의 이익 달성에 도움이 된다는 경제학자들의 주장을 반박한다. 따라서 경제학자들의 입장은 약화된다.
㉱ 4문단에서 볼스는 이스라엘의 어린이집과 아일랜드의 비닐 쇼핑백 사례에서 인센티브가 서로 다른 결과를 일으킨 이유를 '도덕적 메시지 유무'에서 찾는다. 따라서 인센티브의 성공·실패에 도덕적 메시지가 중요한 역할을 한다는 것은 볼스의 주장에 부합한다. 따라서 볼스의 입장은 강화된다.

03 **정답** ④

해설 5문단에서 글쓴이는, '늦는 것은 나쁘다'라는 도덕적 메시지에 벌금, 즉 인센티브가 더해졌을 때 도덕적 메시지의 효과가 한층 강화될 것이라고 주장하고 있다. 이는 인센티브가 도덕 감정을 더욱 강화한다는 것이므로 ⓓ를 '도덕 감정을 오히려 고양할 수 있다는'으로 수정하는 것은 적절하다.

오답 풀이 ① 1~2문단에서 경제학자들은 기업의 환경 보호 사례를 들어 도덕이 아닌 가격과 인센티브의 작동만으로 좋은 사회를 이룰 수 있다고 주장한다. 따라서 도덕으로 좋은 사회를 만들 수 없다는 것이 이들의 주장이므로 ⓐ는 수정하지 말고 그대로 두어야 한다.
② 3문단에서, 인센티브만을 제공했을 때 사회적 규범이 훼손된 어린이집의 사례를 제시하고 있다. 이는 도덕의 도움 없이 가격과 인센티브만으로는 좋은 사회를 만들 수 있다는 경제학자들의 견해가 옳지 않음을 보여 주므로 ⓑ는 수정하지 말고 그대로 두어야 한다.
③ 1문단에 따르면, 철학자들은 좋은 사회를 이루는 데 '도덕'의 필요성을 강조하고 있다. 따라서 ⓒ는 수정하지 말고 그대로 두어야 한다.

04 정답 ③

해설 1문단에 따르면, 인센티브는 '어떤 행동을 하도록 사람을 부추기는 것을 목적으로 하는 자극'을 의미한다. ㉠·㉡·㉣은 모두 사람들에게 어떠한 행동을 하도록 자극하는 매개물로 기능하고 있으므로 '인센티브'를 의미한다. 반면 ㉢은 벌금, 즉 인센티브가 가져온 결과이므로 나머지와 의미하는 바가 가장 다르다.

독해야 산다 1일 1독   NO. 26

출전 〈보편 논쟁으로 훑어보는 중세〉, 수정

01   정답 ①

해설 2문단에 따르면, 아리스토텔레스 사상이 그리스에서 유실되었음은 알 수 있지만, 그 이유가 무엇인지는 제시문만으로 추론할 수 없다. 또한 아리스토텔레스는 스승인 플라톤의 이데아론을 받아들였으므로 '플라톤의 이데아론을 거부'한 것도 아니다.

오답 풀이 ② 2~3문단에 따르면, 아벨라르는 온건 실재론자이다. 온건 실재론자들은 로마 교회만이 보편 교회인 것이 아니라 지방 교회 또한 보편 교회일 수 있다고 강조했다. 따라서 온건 실재론자인 아벨라르는 로마 교회와 지방 교회 모두 보편자가 될 수 있다고 볼 것이다.
③ 2·4문단에 따르면, 아리스토텔레스는 이데아(신)의 세계가 아니라 현실 세계, 즉 사물(개별자)을 더 중요하게 여겼으며, 로스켈리누스는 보편자보다는 개별적인 존재와 사물에 관심을 두었다. 따라서 아리스토텔레스와 로스켈리누스는 모두 보편자보다 개별자를 더 중시했을 것이다.
④ 유명론은 기독교가 지배하고 있던 중세 시대에 보편자를 부정하고 기독교의 교리를 거부했다는 4문단의 내용에서 추론할 수 있다.

02   정답 ②

해설 ㉠은 '실재론자들'을 의미한다. ㉡은 개별 교회도 보편 교회일 수 있다고 주장한 '지방 교회들'을 의미한다. ㉢은 보편자가 사물에 앞선다고 주장한 사람들, 즉 '실재론자들'을 의미한다. 마지막으로 ㉣은 앞에 나온 '유명론자들'을 의미한다. 따라서 문맥상 지시 대상이 동일한 것은 ㉠과 ㉢이다.

03   정답 ③

해설 기독교는 기독교 신앙과 원죄론, 삼위일체의 성립과 기득권의 권력을 위해 실재론을 주장한다. 이는 기독교가 실재론을 수용한 것이므로 ⓒ을 '실재론을 거부한'으로 수정한 것은 적절하지 않다. ⓒ는 수정하지 말고 그대로 두어야 문맥상 자연스럽다.

오답 풀이 ① 앞에서 유명론자들은 기독교의 교리를 거부하고 인간 중심의 휴머니즘과 사물 중심의 자연주의 사상들을 발전시켰다고 했으므로 신학과 철학을 분리한 것이다. 따라서 ⓐ를 '신학과 철학의 분리를 시도한 것이다'로 수정한 것은 적절하다.
② 2문단에 따르면, 아리스토텔레스는 플라톤의 이데아론을 받아들이면서도 지각할 수 없는 이데아보다 현실 세계를 더 중요하게 여겼다. 즉 플라톤의 이데아론은 다른 노선을 밟은 아리스토텔레스에 의해 약화된 것이다. 따라서 ⓑ를 '다른 노선을 밟은 아리스토텔레스에 의해 약화되었고'로 수정한 것은 적절하다.
④ 4문단에 따르면, 유명론자들은 신 중심에서 인간 중심의 휴머니즘으로 사상을 발전시켰다. 따라서 ⓓ를 '개별자인 사람'으로 수정한 것은 적절하다.

04 정답 ④

해설 ㉮ 갑은 보편자가 실재한다고 주장한다. 을 또한 보편자가 실재한다고 주장했다. 따라서 보편자의 실재에 대한 갑과 을의 주장은 양립 가능하다.

㉯ 갑은 보편자가 개별자에 앞선다고 주장하고, 병은 보편자가 개별자 다음에 존재한다고 주장한다. 따라서 보편자와 개별자의 우위에 대한 갑과 병의 주장은 양립이 불가능하다.

㉰ 사물은 개별자를 의미한다. 을은 아리스토텔레스의 사상을 이어받았는데, 그는 사물을 발 딛고 있는 현실 세계라고 보았다. 따라서 을은 사물(개별자)이 존재한다고 본 것이다. 또한 병도 사물이 정신이 인지할 수 있는 유일한 실체이며, 감각에 의해 체험된다고 했으므로 개별자가 존재한다고 본 것이다. 따라서 개별자의 실재에 대한 을과 병의 주장은 양립 가능하다.

독해야 산다 1일 1독   NO. 27

출전 박동현, 〈삼일절 집회 인원 직접 추산해 보니〉, 《과학동아》(2025. 4.), 수정

01 정답 ④

해설 4문단에서 집회 참석 인원을 집계하는 데 빈도에 집중하는 집회 주최 측과 밀도에 집중하는 경찰 측의 방식 모두 한계가 있음을 지적하며, 이러한 문제를 해결하기 위한 방법으로 밀도와 빈도를 모두 고려하는 A 교수의 계산 방식을 제안하고 있다.

오답 풀이 ① 이 글의 중심 화제는 '집회 참석 인원 집계 방식'이다. 이것이 변화하는 과정을 통시적으로 서술하고 있지 않다.
② 4문단에, 빈도에 집중하는 집회 주최 측의 집회 참석 인원 집계 방식과, 밀도에 집중하는 경찰 측의 집회 참석 인원 집계 방식 모두 한계가 있다는 내용은 나온다. 하지만 이러한 문제가 발생하는 원인을 단계적으로 설명하고 있지는 않다.
③ 집회 참석 인원을 집계하는 다양한 방식이 나열되어 있는 것은 맞다. 하지만 이 방식들의 장단점은 비교·대조되고 있지 않다.

02 정답 ③

해설 4~5문단에 따르면, A 교수는 고정 인구는 '군중의 밀도'를 반영하는 집단으로 보았다. 반면 유동 인구는 패스트푸드의 회전율을 이용하는 방식으로 구할 수 있는데, 이는 밀도와 빈도를 동시에 고려한 방법이라고 하였다.

오답 풀이 ① 4문단에 따르면, A 교수는 집회 참석 인원을 고정 인구와 유동 인구로 나누고, 고정 인구는 페르미 추정과 같은 방식으로 헤아릴 수 있다고 했다. 또 유동 인구를 구하기 위해 로지스틱 모델을 제시했다.
② 5문단에 따르면, 패스트푸드점의 회전율은 방문객의 체류 시간에 반비례한다. 따라서 방문객의 체류 시간이 길어질수록 회전율은 떨어진다고 추론할 수 있다.
④ 집회 참석 인원을 계산하는 데 빈도에 집중하는 데는 집회 주최 측이고, 밀도에 집중하는 데는 경찰 측이다. 그런데 2~3문단에 따르면, 주최 측은 잠깐 들렀다 간 인원, 집회 장소를 벗어나 지하철에서 나오는 중이거나, 가두에서 참여하는 인원까지 반영하기도 한다. 반면 경찰 측은 밀도를 보수적으로 적용하여 특정 시점의 정적인 인원을 기준으로 계산하며, 이동하는 사람이나 집회 시작 전후의 전체 참가 인원을 포함하지 않는다. 이를 고려할 때, 밀도에 집중하는 경찰 측보다 빈도에 집중하는 주최 측이 집회에 더 많은 인원이 참석했다고 추정할 것이다.

03 정답 ②

해설 ㉠은 페르미 추정을 이용해 집회 참가 인원을 산출하는 '경찰들'을 지시하고, ㉡은 단위 면적당 밀집된 '(집회에 참석한) 사람들'을 지시한다. ㉢은 집회 참석 인원을 보수적으로 계산하는 '경찰들'을 지시한다. ㉣은 앞에 나온 '고정 인구'를, ㉤은 '유동 인구'를 지시한다. 따라서 문맥상 지시 대상이 같은 것은 ㉠과 ㉢이다.

04 정답 ①

해설 ㉮ 4문단에서 A 교수는 고정 인구를 페르미 추정을 통해 헤아릴 수 있다고 말했다. 3문단에 따르면, 페르미 추정은 단위 면적인 1m²당 밀집 인원을 계산하여, 전체 면적에 따른 참가 인원을 계산한다. 집회에서 단위 면적당 밀집 인원은 3명이고, 전체 면적은 1만m²이다. 따라서 고정 인구인 ㉮에는 '3만 명'이 들어가야 한다.

㉯ 5문단에 따르면, 회전율은 전체 영업시간(=집회 시간)에서 방문객들의 평균 식사 시간(=집회에 참가한 평균 시간)을 나누면 구할 수 있다. 전체 집회 시간은 4시간이고, 집회에 참가한 평균 시간은 2시간이므로 회전율인 ㉯에는 '2회'가 들어가야 한다.

㉰ 5문단에 따르면, 유동 인구는 '총 방문 인원'과 같다. 그리고 총 방문 인원은 '회전율'에 '테이블 수(=집회장의 면적)'를 곱한 값에 '테이블당 몇 명이 앉았는지에 대한 평균값(=집회 단위 면적당 밀집된 인원)'을 곱하면 구할 수 있다. 집회에서 회전율은 2회이고, 집회장의 면적은 1만m²이고, 집회 단위 면적당 밀집된 인원은 3명이다. 따라서 유동 인구인 ㉰에는 '6만 명'이 들어가야 한다.

독해야 산다 1일 1독 — NO. 28

출전 이승환, 《유가 사상의 사회 철학적 재조명》, 수정

01 **정답** ④

해설 1문단에서 유가의 '예'와 법가의 '법'이 당시 법으로서 기능하였음을 말한 뒤, 2~마지막 문단에서는 이 둘의 차이점을 '자연법주의', '법실증주의'라는 이념적 근거에서 살펴보고 있다. 따라서 유가의 '예'와 법가의 '법'의 공통점과 차이점을 모두 언급한 ④가 이 글의 핵심 논지로 가장 적절하다.

오답 풀이 ① 마지막 문단의 '유가의 예치와 법가의 법치는 '도덕에 의한 통치 – 법에 의한 통치'의 구분이 아니라'와 배치되는 설명이다.
②·③ 유가의 '예'와 법가의 '법'의 상호 작용이나 둘 중 어떤 것이 더 사상적으로 발전된 것인지는 제시문에서 언급하고 있지 않다.

02 **정답** ①

해설 ㉮ A는 부도덕한 천자는 실정법을 어겨서라도 교체해야 한다고 주장한다. 이는 실정법을 지키지 않을 수도 있다는 의미이다. 반면 B는 실정법은 어떠한 일이 있더라도 지켜야 한다고 주장한다. 따라서 실정법을 지켜야 한다는 원칙에 대해 A는 동의하지 않지만, B는 동의하므로 서로 대립한다.
㉯ A와 B는 모두 부도덕한 군주의 존재 가능성을 인정한다. 다만 부도덕한 군주가 존재했을 때 이를 용납할 수 있느냐, 없느냐에 관해 입장을 달리하고 있다. 따라서 부도덕한 군주의 존재 가능성 자체에 대한 A와 B의 주장은 대립하지 않는다.

오답 풀이 ㉰ 사회의 변화에 따른 실정법의 개정 여부는 A와 B의 주장이 나타난 5문단에 나오지 않는다.

03 **정답** ②

해설 ⓐ 3~4문단에 따르면, 자연법주의자들은 실정법이 인간 본성의 구체화이므로, 그 내용에 있어서 철저히 도덕적이지 않으면 안 된다고 본다. 반면 법실증주의자들은 법과 도덕 사이에 아무런 논리적 연관성이 없다고 본다. 따라서 법의 내용이 도덕적이어야만 한다는 견해는 법 내용과 도덕성과의 관련성을 강조하는 것이므로 자연법주의자의 입장을 강화하고, 법실증주의의 입장을 약화한다.
ⓑ 4문단에 따르면, 자연법주의자는 도덕적 원칙이나 인간의 양심에서 벗어난 법은 법이 아니라고 보고, 법실증주의자들은 악법도 법이라고 주장한다. 따라서 독재 정권의 불의한 법에 항거해야 한다는 견해는 자연법주의자의 입장을 강화하고, 법실증주의자의 입장을 약화한다.

오답 풀이 ⓒ 자연법주의자들은 자연법이 실정법을 초월하는 인륜의 대도라고 보고, 법실증주의자들은 실정법을 초월하는 어떠한 초인간적 입법 원칙을 거부한다. 따라서 실정법을 넘어서는 보편적 법이 존재한다는 견해는 자연법주의자의 입장을 강화하고, 법실증주의자의 입장을 약화한다.

04 정답 ③

해설 ㉠~㉥의 문맥적 의미는 앞에 나온 내용에서 파악할 수 있다. ㉠과 ㉡의 앞에서 '자연법과 실정법'의 순서로 제시했으므로 ㉠은 '자연법', ㉡은 '실정법'을 의미한다. ㉢과 ㉣의 앞에서 '실정법과 자연법'의 순서로 제시했으므로 ㉢은 '실정법', ㉣은 '자연법'을 의미한다. 마지막으로 ㉤과 ㉥은 앞에서 '자연법과 실정법'의 순서로 제시했으므로 ㉤은 '실정법', ㉥은 '자연법'을 의미한다. 따라서 ㉠~㉥을 문맥적 의미가 동일한 것끼리 묶으면, ㉠·㉣·㉥과 ㉡·㉢·㉤이다.

독해야 산다 1일 1독   NO. 29

출전 유승호, 〈간편음식의 확산이 비만 인구 늘어난 원인〉, 《한국경제》(2025. 4. 21), 수정

01   정답 ④

해설 3문단의, 2023년 질병 관리청의 조사 결과에 따르면, 가구 소득 하위 20% 남성은 소득 상위 20% 남성의 비만율보다 높다. 이는 소득 하위 20% 남성 중 비만한 사람이 많다는 의미이지, 전체 국민 중 그 집단에 속하는 남성이 가장 비만하다는 뜻은 아니다.

오답 풀이 ① A의 조사에 따르면, 미국의 식사 준비 시간은 1965년, 1995년, 최근 순으로 점차 짧아지고 있다. 따라서 적절한 이해이다.
② 마지막 문단에 따르면, 소득세는 누진세로, 부가 가치세는 비례세이다. 그리고 누진세는 소득이 많을수록 세 부담이 커지고, 비례세는 역진성을 지녀 소득이 적을수록 세 부담이 커질 수 있다. 따라서 적절한 이해이다.
③ 마지막 문단에서, 글쓴이는 패스트푸드, 탄산음료 등에 세금을 매기면 저소득층에 더 큰 부담을 지울 뿐 비만율을 줄이는 데 도움이 되지 않는다고 본다. 그러면서 다이어트 관점에서는 채소, 과일 등의 가격을 낮추는 정책이 필요하다고 주장하고 있다.

02   정답 ①

해설 ㉮ A는 밀키트, 배달 앱 등으로 식사 준비 시간이 짧아지면 음식 수요가 늘어 비만율이 높아진다고 주장한다. 따라서 밀키트, 배달 앱의 증가와 비만율 증가의 연관성이 관찰된다면, A의 주장은 강화될 것이다.
㉯ B는 살찌기 쉬운 음식의 가격이 상대적으로 하락하여 사람들이 비만해졌다고 주장한다. 가공 식품의 가격이 낮은데도 비만율이 세계에서 가장 낮은 국가가 존재한다는 것은 B의 주장을 반박한다. 따라서 B의 주장은 약화될 것이다.

오답 풀이 ㉰ C는 같은 가격으로 쿠키, 감자칩을 구매하면 채소, 과일을 구매할 때보다 더 높은 칼로리를 섭취하게 된다고 주장하고 있다. 물가 상승에 따른 주요 식료품의 가격 인상은 C의 주장과 무관하다. 따라서 C의 주장은 강화되지 않는다.

03   정답 ③

해설 뒤에 이어지는 조사 결과에서, 남성과 여성 모두 소득 하위 20%의 비만율이 소득 상위 20%의 비만율보다 높다. 이는 소득 수준이 낮은 집단이 비만율이 더 높음을 의미한다. 따라서 ⓒ를 '소득 수준이 낮을수록'으로 수정하는 것은 적절하다.

오답 풀이 ① 수요의 원리는 재화 가격이 상승하면 수요량은 감소하고, 가격이 하락하면 수요량은 증가하는 것이다. 따라서 사람들이 더 많이 먹은(소비한) 것은 가격이 하락한 것과 관련이 있다. 따라서 ⓐ는 수정하지 말고 그대로 두어야 한다.
② 앞에서는 재화의 가격과 비만율의 관계를, 뒤에서는 시간과 비만율의 관계를 설명하고 있다. 이는 돈과 시간을 모두 비용으로 둔 것이므로 ⓑ는 수정하지 말고 그대로 두어야 한다.
④ 맥주의 소비세율을 낮추면, 저소득자가 느끼는 세 부담이 적어진다. 이는 소득이 적을수록 세 부담을 크게 느끼는 역진성은 완화되는 것이다. 따라서 ⓓ는 수정하지 말고 그대로 두어야 한다.

04 정답 ①

해설 맥주에 붙는 세금은 소득이 많든 적든 간에 똑같은 비율로 세금을 매기는 비례세이다. 따라서 맥주를 살 때 내는 세금은 월 소득과 상관없이 동일하다. 또한 동일한 액수의 세금을 낼 때 더 큰 세 부담을 느끼는 사람은 월 소득이 적은 사람이다. 전자는 월 소득이 100만 원이고, 후자는 1,000만 원이므로 '후자보다 전자가' 더 큰 세 부담을 느낀다. 따라서 ㉠에는 '동일한 금액을 세금으로 내지만 후자보다 전자가'가 들어가야 한다.

독해야 산다 **1일 1독** NO. **30**

출전 노형철, 〈성공적인 브레인 트레이닝을 위한 세 가지 요소〉, 《브레인》(2025. 1.), 수정

01 정답 ③

해설 1문단에 따르면, 자아실현의 목표를 달성하기 위해서는 브레인 트레이닝이 필요하다. 하지만 브레인 트레이닝을 하는 사람 누구나가 자아실현의 목표를 달성할 수 있는지는 이 글의 내용만으로 추론할 수 없다. 이것은 후건 긍정의 오류를 범한 추론에 해당한다.

오답 풀이 ① 2문단에 따르면, 자기 정체성(Spirit)은, 동기와 신념이 통합된 형태이다. 그리고 동기와 신념을 가지려면 신경 가소성을 인식하고 이를 적극 받아들여야 한다.
② 2~4문단에 따르면, 3S가 각각 있다면 브레인 트레이닝을 성공할 수 있다. 조건문인 'p이면 q이다'에서 p는 q이기 위한 충분조건이므로, 3S 각각은 성공적인 브레인 트레이닝을 위한 충분조건이다.
④ 3문단의, '훈련을 반복해서 수행하는 데 ~ 일정한 간격으로 주어질 수 있다'에서 추론할 수 있다.

02 정답 ①

해설 Ⓐ는 3S가 모두 없을 때에만 브레인 트레이닝은 성공할 수 없음을 의미한다. 따라서 실패한 브레인 트레이닝 중에 3S를 모두 갖추지 못한 것이 있다는 것은 Ⓐ를 뒷받침하므로 Ⓐ는 강화된다.

오답 풀이 ② Ⓐ에 따르면, 3S 중 하나만 있어도 브레인 트레이닝은 성공할 수 있다. 따라서 3S 중 하나가 없다는 것은 3S 중 두 개가 있다는 것이므로, 이 중에서 성공한 브레인 트레이닝 사례가 있다는 것은 Ⓐ를 약화하지 않는다.
③ Ⓑ에 따르면, 3S는 서로 상호 작용하는데, 강력한 목표 의식과 신념(Spirit)은 사회적 관계(Social)에 영향을 미친다. ③은 Ⓑ에 부합하므로 Ⓑ를 약화하지 않는다.
④ Ⓑ에 따르면, 사회적 관계를 활용하면 반복 훈련이 지속된다. 하지만 반복 훈련을 지속한 모든 사람이 사회적 관계를 형성했다는 것은 Ⓑ와 무관하다. 따라서 Ⓑ는 강화되지 않는다.

03 정답 ④

해설 앞뒤 문맥을 고려할 때, ㉣은 혼자보다 사회적 관계를 형성할 때 목표를 쉽게 달성할 수 있다는 내용이 담겨야 한다. ㉣ '혼자 가면 멀리 가지 못하고, 함께 가면 빨리 갈 수 없다'는 함께 가는 것에 한계가 있다는 의미이므로 문맥상 적절하지 않다. 따라서 '함께'의 중요성을 강조할 수 있도록 ㉣을 '빨리 가려면 혼자 가고, 멀리 가려면 함께 가라'로 수정하는 것은 적절하다.

오답 풀이 ① 자아실현은 자신의 능력과 가치를 실현하는 과정이나 상태이고, 뇌는 삶의 목적을 실현하는 중심축이므로 자아실현을 위해 뇌가 중요한 역할을 담당한다는 맥락이다. 따라서 뇌의 중요성을 강조하도록 ㉠은 수정하지 말고 그대로 두어야 한다.
② 뒤에서 '쉬운 단계에서 어려운 단계로' 설계한 훈련을 진행해야 한다고 했다. 이는 난이도가 점차 올라가는 방식이므로 ㉡은 수정하지 말고 그대로 두어야 한다.
③ 인간은 타 동물에 비해 사회적 관계를 구성하는 능력이 발달했고 이 능력 덕분에 인간이 지구상에서 지배적인 종으로 자리 잡을 수 있었다는 맥락이다. 따라서 ㉢은 수정하지 말고 그대로 두어야 자연스럽다.

04 정답 ③

해설 ㉯ 2문단에서 인간은 '환경에 따라 변화하고 적응할 수 있는 뇌의 능력', 즉 뇌의 신경 가소성을 설명하고 있다. 을의 사례는 이러한 신경 가소성 내용을 뒷받침한다.

㉰ 병은 지금보다 기억력을 개선하겠다는 내적 동기와 목표를 성취할 것이라는 긍정적 신념을 가진 끝에 두뇌 능력을 향상시킬 수 있었다. 이는 행동을 이끄는 내적 동기와 긍정적인 신념을 유지하면 브레인 트레이닝은 성공할 수 있다는 2문단의 내용을 뒷받침할 수 있다.

오답 풀이 ㉮ 인간과 동물의 주요 뇌 부위의 구조상 공통점은 이 글에서 말하는 '브레인 트레이닝을 성공적으로 달성하기 위한 요소'와는 무관하다. 4문단에 인간이 타 동물들에 비해 사회적 관계를 구축하는 능력이 탁월하다는 내용만 있을 뿐이다.

독해야 산다
1일 1독

동영상 강의 gong.conects.com